INTERROGATOIRES

SUBIS PAR LE SIEUR

DE VEDEL-MONTEL,

MAJOR DU RÉGIMENT DAUPHIN, INFANTERIE,

PARDEVANT

M. LE LIEUTENANT-CRIMINEL

AU CHÂTELET DE PARIS.

INTERROGATOIRES

SUBIS PAR LE SIEUR

DE VEDEL-MONTEL,

MAJOR DU RÉGIMENT DAUPHIN, INFANTERIE,

PARDEVANT

M. LE LIEUTENANT-CRIMINEL

AU CHATELET DE PARIS.

---

* PREMIER INTERROGATOIRE,

Commencé le 19 Août 1774.

VONS mandé & fait venir de sa prison du Grand-Châtelet le sieur Demontel, lequel après serment, a dit se nommer François de Vedel-Montel, Chevalier de Saint Louis, Lieutenant-Colonel d'Infanterie, & Major du Régiment Dauphin, âgé de 48 ans, natif d'Aigueville en Languedoc, demeurant à l'ancienne Académie de

* On sera plus instruit par la lecture du second Interrogatoire subi sur les pieces que le sieur Vedel avoit eu soin de détourner, & qu'un heureux hasard a remises sous la main de la Justice.

Vandeuil, rue des Canettes, où il fait l'élection de domicile.

1. Interrogé depuis quand il connoît la dame de Saint-Vincent? A dit depuis environ trois ans.

2. Quand & à quelle occasion il en a fait la connoissance, & dans quel endroit?

A dit qu'il l'a connue à Poitiers, ayant eu occasion de la voir au Couvent où elle étoit retirée, qu'il l'avoit vue auparavant dans une maison tierce de la Ville, chez M. le Comte de la Masseliere.

3. Quelle connoissance il a eu des relations de ladite Dame avec M. le Maréchal de Richelieu?

A dit qu'il a connoissance que la dame de Saint-Vincent étant à Poitiers, a montré au Répondant des lettres qu'elle disoit lui venir de M. de Richelieu; elle lui a montré d'autres lettres avec le même caractere, qui parloient argent; le Répondant en a vu qui annonçoient une somme de 45,000 livres, que M. le Maréchal disoit être en dépôt chez un Procureur de Poitiers; que M. le Maréchal lui promettoit de lui faire toucher cet argent de jour en jour; & cependant cette somme n'a jamais été comptée; le Répondant a vu d'autres lettres, où le Maréchal augmentoit ses promesses: elles se portoient jusqu'à 245,000 livres, & dans d'autres lettres par la suite, il portoit ses promesses jusqu'à 100,000 livres; le Répondant a lui-même porté des réponses de la dame de Saint-Vincent, à la poste, adressées à M. le Maréchal, lesquelles lettres parloient de cet argent; il a de plus lui-même décacheté le premier des lettres adressées à la dame de Saint-Vincent, qui lui étoient tantôt apportées par le facteur de la poste, & quelquefois par le commissionnaire du courier de Bordeaux, qui les lui remettoit. Ces lettres lui paroissoient toujours être du même caractere, & souvent cachetées avec les armes de M. le Maréchal, & quelquefois avec un cachet qui avoit des petites figures, d'autres fois avec une tête de breloque; le Répondant a vu du même caractere M. le Maréchal écrire à la dame de Saint-Vincent en ces termes: ma chere cousine, j'arriverai à Poitiers un tel jour, & il y arrivoit effectivement.

Après l'arrivée de M. le Maréchal à Poitiers, le Répondant a vu toujours avec le même caractere, des lettres de M. le Maréchal, adressées à la dame de Saint-Vincent, par lesquelles il lui disoit, ma chere cousine, j'irai vous voir à une telle heure ; le Répondant l'a vu deux fois tenir ce rendez-vous, entr'autres un jour dont le Maréchal pourra se souvenir, parce que le Répondant eut l'honneur de dîner avec lui, chez M. l'Evêque de Poitiers ; avant le dîner le Répondant étoit passé au parloir de la dame de Saint-Vincent : elle lui fit voir un billet, où M. le Maréchal lui annonçoit sa visite pour l'après-dîner ; après le dîner, le Répondant a vu M. le Maréchal monter en voiture avec le Prélat, disant qu'ils alloient ensemble voir la dame de Saint-Vincent : le Lieutenant-Colonel du Régiment Dauphin, & plusieurs autres Officiers du même Corps, l'ont entendu & vu comme le Répondant. D'après cela le Répondant n'a pas cru devoir douter que les lettres, que la dame de Saint-Vincent disoit recevoir de M. le Maréchal, ne fussent effectivement de lui.

Le Répondant a vu de plus des lettres qui lui ont toujours paru du même caractere, où M. le Maréchal engageoit la dame de Saint-Vincent à venir à Paris, où elle est effectivement venue, étant arrivée à Paris, il y a *quinze ou dix-huit mois*, autant qu'il peut s'en ressouvenir, & après son arrivée, le Répondant a vu encore entre les mains de la dame de Saint-Vincent, un billet en forme de mandat, qui lui a toujours paru du même caractere, lequel billet étoit conçu en ces termes : » Je prie M. Pechot de donner ou compter à Madame de Saint-» Vincent, la somme de 300,000 livres qui lui appartiennent, » dont je le tiendrai quitte pour toujours ; signé, le Maréchal » de Richelieu ».

Observe qu'il étoit daté, mais ne se souvient pas de la date ; cet argent n'a jamais été compté, ou du moins ne le croit pas ; ce billet n'étant pas en bonne forme, la dame de Saint-Vincent voulut le faire changer par le Maréchal ; pour cet effet, elle donna un jour à dîner au Répondant, chez le Suisse de la porte des Carmes, au Luxembourg, avec un sieur Desgouttes, ancien Avocat, qu'elle consulta pour qu'il lui donnât un modele en bonne forme, l'on dit à ce sieur Desgouttes que M. le Marquis de Vieuxbois vouloit faire un présent à cette Dame de 20,000 francs, il donna un modele que l'on fit refaire par un écrivain des rues, en mettant la somme de 100000 livres ; ce second billet étoit *daté du mois de Juin ou Juillet*, payable à trois mois de-là, sur le même Pechot ; mais ce nom écrit différemment, que M. le Matéchal ne l'avoit donné ; que quelques jours après, le Répondant vit ce second billet entre les mains de la dame de Saint-Vincent, signé *le Maréchal Duc de Richelieu ;* que la dame de Saint-Vincent, quelques tems avant l'échéance, *pria le Repondant d'en faire vérifier la signature ;* que pour lui faire plaisir, le Répondant prit le billet, & fut chez M. Dumoulin, Notaire de M. le Maréchal, rue Saint-Antoine ; il plia ce billet, de maniere que ce Notaire ne vit que la signature : il lui demanda s'il connoissoit cette signature, il lui dit qu'il la reconnoissoit très-bien, que c'étoit celle de M. le Maréchal ; le Répondant lui demanda s'il en étoit bien sûr ; pour l'en convaincre, le Notaire lui fit voir plusieurs de ses minutes, où M. le Maréchal avoit signé, & finit par l'assurer, après plusieurs observations que le Répondant lui fit sur la signature, que c'étoit véritablement celle de M. le Maréchal, & qu'il lui en répondoit comme de la sienne propre ; d'après cette vérification, le Répondant crut devoir être convaincu que tout ce qu'il avoit vu étoit véritablement de M. le Maréchal, & fut rendre le billet à la dame de Saint-Vincent, en lui disant la réponse que lui avoit faite M. Dumoulin ; M. le Maréchal n'a jamais donné l'ordre de faire compter cet argent, & a laissé passer l'échéance de ce billet plus de trois mois ; pendant cet intervalle, Madame de Saint-Vincent étoit dans la plus grande misere, elle en faisoit part à M. le Maréchal ; le Répondant a vu des réponses que le Maréchal lui faisoit à des lettres qu'il avoit lui-même portées à son Suisse, par lesquelles il lui promettoit toujours de lui faire toucher ladite somme de cent mille écus, & cependant elle ne l'a jamais touchée. La dame de Saint-Vincent alors, imagina de lui faire renouveller ce billet ; elle lui envoya pour cet effet un modele d'un billet de cent mille écus en bonne forme, payable au porteur dans trois ans, & cinq billets de 60000 livres, chacun dans la même forme ; elle lui écrivit une lettre, dont voici à peu-près le fond.

« Je comprends, mon cher Cousin, que vous êtes embarrassé ; » pour vous donner plus de tems, je vous prie de signer un » billet de cent mille écus que je vous envoye, payable dans » trois ans ; ou cinq de 60,000 livres à votre choix, faisant ensemble la même somme ». Le Répondant a vu écrire cette lettre à la dame de Saint-Vincent, il y a vu insérer les six modeles de billets, elle l'a cachetée devant lui; & après avoir mis l'adresse, à Monseigneur le Maréchal de Richelieu, en son hôtel, elle pria le Répondant de la porter à son Suisse, à qui le Répondant fut la remettre; la femme-de-chambre de la dame de Saint-Vincent étoit avec lui dans le fiacre, c'étoit *au mois de Novembre dernier, du 11 au 15;* à-peu-près le lendemain, l'Abbé Froment, Aumônier du Couvent de la Miséricorde, dit au Répondant, que la dame de Saint-Vincent se promenant avec lui dans sa chambre, il étoit arrivé un Laquais à la livrée de M. le Maréchal; que ce Laquais lui avoit remis une lettre cachetée des armes de M. le Maréchal, l'un de 100,000 livres, & deux de 60,000 livres, avec la lettre d'envoi suivante: « Je vous envoye, ma chere Cousine, votre » billet tout signé, & deux; vous payerez vos dettes avec l'un, » & vous donnerez l'autre à votre *tiers* pour le payer de ce que » vous lui devez, mais n'en vendez point, & n'en parlez à » personne d'un an; j'aime toujours bien ma chere Cousine ». Dans la même journée, le Répondant a vû cette même lettre entre les mains de ladite dame de Saint-Vincent, & trois billets de M. le Maréchal, qui étoient les mêmes que le Répondant avoit portés au Suisse la veille; que depuis il a vû plusieurs lettres de M. le Maréchal entre les mains de la dame de Saint-Vincent, qui lui parloient argent, & qui lui annonçoient des visites; & on disoit au Répondant, qu'il y étoit effectivement venu; le Répondant en a été témoin une fois; la dame de Saint-Vincent lui a de plus montré une lettre, par laquelle le Maréchal disoit: j'irai vous voir un tel jour; il y arriva effectivement; il y avoit trois personnes chez la dame de Saint-Vincent lorsqu'il y arriva, sçavoir, le sieur Abbé de Trans, M. de Castelnau & le Répondant, lorsqu'on annonça M. le Maréchal; la Dame de Saint-Vincent les pria de passer dans son sallon à manger; ce qu'ils firent; à travers la cloison, ils distinguerent parfaitement la voix de M. le Maréchal; lorsqu'il fut sorti, ils rentrerent dans la chambre.

Et continuant son récit, a dit toujours de lui-même, qu'il a *oui dire*, que la dame de Saint-Vincent avoit vendu l'un desdits billets de 60,000 livres par l'entremise de l'Abbé Froment.

Quelque tems après, c'étoit, à ce qu'il croit, dans *le mois de Février ou Mars dernier*, la dame de Saint-Vincent ayant envie de faire couper son billet de cent mille écus, porta à M. le Maréchal plusieurs modeles dans la même forme que les autres, à différentes dates & différentes échéances, faisant ensemble *à-peu-près* la même somme de cent mille écus, le Répondant étoit chez elle lorsqu'elle lui dit revenir de chez M. le Maréchal; elle lui montra sur le champ les mêmes modeles que le Répondant avoit vus, & qui étoient alors signés de M. le Maréchal; quelque tems après, la dame de Saint-Vincent chargea un sieur Benavent de lui procurer de l'argent sur un de ces billets; ledit Benavent s'arrangea avec un nommé Rubi; la dame de Saint-Vincent ne connoissant pas beaucoup alors ledit sieur Benavent, pria le Répondant de le suivre pour lui faire plaisir; il fut avec lui chez le sieur Rubi; de-là, ils furent en fiacre tous les trois ensemble, sçavoir, Rubi, Benavent & le Répondant, *à la porte de Me Dumoulin, Notaire*, le Répondant resta dans le fiacre; Benavent & Rubi en descendirent, furent faire vérifier audit sieur Dumoulin le billet de 25,000 liv. qu'il étoit question de négocier; ils remonterent dans ce fiacre, & lui dirent, que Me Dumoulin avoit reconnu la signature pour être celle de M. le Maréchal; ils retournerent de-là chez le sieur Rubi, où l'affaire proposée se conclut; *& le Répondant signa comme témoin, que le sieur Rubi avoit donné à la dame de Saint-Vincent le prix convenu sur ledit billet de 25,000 livres.*

La dame de Saint-Vincent a aussi prié personnellement le Répondant de lui procurer de l'argent sur des billets de M. le Maréchal, connoissant très-peu de monde à Paris; le Répondant *pria la femme Leroi*, demeurante rue Haute-feuille: cette femme a cherché à différentes fois; & n'ayant pû en négocier aucun, elle les a rendus au Répondant, & il les a rendus à ladite Dame de Saint-Vincent.

Que voilà tout ce qu'il sait.

Lequel récit a été dicté par le Répondant.

A observé de plus, que la dame Leroi lui a dit avoir vérifié plusieurs des signatures, que l'on avoit reconnues pour être celles de M. le Maréchal.

4. Si le Répondant a eu connoissance de la négociation faite avec Rubi de deux autres billets de M. le Maréchal?

A dit que non ; qu'il l'a ſeulement oui dire depuis, mais ne s'en eſt point mêlé.

5. Si dans les négociations qu'il a été chargé de faire, & pour raiſon deſquelles il s'eſt adreſſé à la femme Leroi, celle-ci ne s'eſt pas adreſſée à un nommé Orion?

A dit, que la femme Leroi lui a nommé pluſieurs perſonnes à qui elle s'eſt adreſſée, mais ne ſe ſouvient pas de leurs noms.

6. Si dans la premiere négociation faite avec Rubi, & relative au billet de 25,000 livres, lui Répondant n'a pas été témoin que Rubi a fourni le montant d'icelui en marchandiſes, qu'il a fixées à un prix exorbitant, & tel qu'un Huiſſier-Priſeur appellé pour apprécier leſdites marchandiſes & en faire la vente, s'eſt récrié ſur le prix de Rubi, & que l'affaire a penſé manquer?

A dit, que cela eſt vrai, que Rubi donna *deux mille écus d'argent comptant, & des marchandiſes qu'il a évaluées 19,000 francs*, ne peut dire combien elles ont été vendues, ne s'en reſſouvenant point ; mais que *la perte a été conſidérable.*

6 *bis*. A lui remontré, qu'*en ſuppoſant de ſa part la conviction la plus intime de la ſincérité des billets de M. de Richelieu & de ſa ſignature, il n'auroit pas dû ſe prêter à une négociation auſſi étrange & que rien ne juſtifie ;* puiſque d'un côté la dame de Saint-Vincent avoit vendu un premier billet de ſoixante mille livres, dont elle avoit reçu à-peu-près la valeur, & par conſéquent n'avoit pas des beſoins bien preſſans ; & que d'un autre côté lui Répondant ne pouvoit pas ignorer qu'il avoit été expreſſément recommandé de ne parler aucunement des billets avant un an, & de ne pas les vendre?

A dit, que le Répondant ayant des obligations à la dame de Saint-Vincent & vis-à-vis de M. le Maréchal même, il avoit crû devoir rendre à ſon tour à la dame de Saint-Vincent les ſervices qui pourroient dépendre de lui, raiſon pour laquelle il s'eſt prêté à ladite négociation, *ſachant d'ailleurs que l'intention de la dame de Saint-Vincent étoit de racheter ces billets à meſure que M. le Maréchal lui donneroit de l'argent*, & que par ce moyen M. le Maréchal l'ignoreroit, les acquéreurs ayant promis un ſecret inviolable.

7. Lui obſervons, que par l'écrit par lui ſouſcrit au profit de Rubi, relativement au billet de 25,000 livres par lui négocié,

il a attesté deux choses : 1°. *que les 25,000 livres, montant du billet, étoient bien légitimement dues par le Maréchal à la dame de Saint-Vincent ; & il n'avoit d'autre certitude de ce fait, que d'après l'énoncé du billet.* 2°. *Que Rubi avoit fourni bien & légitimement la valeur desdits 25,000 livres ; & à cet égard, il attestoit une chose qu'il savoit être fausse ?*

A dit, que s'il a signé un écrit portant ces deux attestations, *ce dont il ne se ressouvient pas bien*, il n'a effectivement assuré cette somme de 25,000 livres être due par M. le Maréchal, que d'après l'énoncé dudit billet, qui dit, je payerai au porteur, *valeur reçue comptant ;* quant au payement par Rubi, c'étoit un marché fait entre Rubi & Benavent, & qu'il ne se connoît point en valeur de marchandises, Rubi soutenant d'ailleurs qu'elles valoient le prix qu'il y mettoit.

8. Si après les premiers bruits répandus dans le Public de la négociation des billets de M. de Richelieu, lui Répondant, la dame de Saint-Vincent & Benavent *n'ont pas fait toutes les démarches possibles pour retirer des mains des Courtiers les billets qu'ils avoient donnés à négocier, si singulierement ils n'ont point insisté d'une maniere singuliere envers Rubi, pour qu'il rendît les trois billets qu'il avoit ;* si même la dame de Saint-Vincent n'a point été jusqu'à déchirer un billet de six cens livres, que ledit Rubi lui avoit fait, & lui avons représenté des petits morceaux de papier, faisant partie des pieces trouvées dans les poches du sieur Benavent, qui paroissoient provenir dudit billet de 600 livres ; & lui observons, que cet apprêté de la part de la dame de Saint-Vincent, de Benavent & de lui Répondant, pour se soustraire aux recherches qu'ils présumoient devoir être faites, annonce qu'ils redoutoient ces recherches, & font présumer qu'ils sçavoient bien leur négociation frauduleuse ?

A dit, qu'il a toujours cru que les billets étoient véritablement de M. le Maréchal, & le croit encore, d'après tout ce qu'il a vû & déclaré ; qu'il étoit sûr que la dame de Saint-Vincent ne craignoit les recherches qui se faisoient, que parce que l'année de secret que M. le Maréchal avoit demandée n'étoit point encore écoulée ; convient au surplus, qu'elle a fait des démarches d'après les raisons qu'il vient de dire : a oui dire que le billet en question de 600 livres avoit été déchiré ; mais ne l'a jamais vû, & ne reconnoît pas lès susdits deux morceaux de papier, lesquels n'ont point été paraphés, vû qu'il n'y a aucune place pour les parapher.

Lui avons représenté un Mémoire écrit sur dix pages qui nous a été présenté par la dame de Saint-Vincent, & qu'on nous a dit avoir été distribué à plusieurs personnes dans le Public; sommé de nous dire, si ledit Mémoire a été écrit sous la dictée de la dame de Saint-Vincent, ou à elle relû après la rédaction; enfin si elle avoue le Mémoire, comme contenant les faits relatifs à l'affaire actuelle.

A dit, qu'à son retour de Rouen où il avoit été le 8 de ce mois, pour passer la revue d'inspection, on lui a fait voir un Mémoire pareil à celui représenté; & que le Répondant a reconnu que celui qui avoit fait ledit Mémoire, n'avoit pas été parfaitement instruit en quelques points; ignore si ledit Mémoire est avoué par la dame de Saint-Vincent; ne l'a point entendu s'expliquer sur le contenu audit Mémoire.

Ce fait, ledit Mémoire n'a point été paraphé du Répondant, lequel en a fait refus, & ne l'a point été de nous, l'ayant été ci-devant.

Si lui Répondant a eu connoissance que peu avant le départ de M. de Richelieu de Paris pour Bordeaux, au mois de Juin dernier, ou peu après ledit départ, la dame de Saint-Vincent ait fait faire, par Benavent ou autre, plusieurs billets de 20000 livres, qu'elle disoit vouloir faire signer au Maréchal?

A dit, qu'il ne se rappelle pas bien ce fait-là.

Lui avons représenté la *premiere piece de la deuxieme liasse des papiers trouvés chez Benavent*, *ensemble la cinquieme de la premiere liasse*, lesquelles sont: la premiere, une lettre souscrite de M. de Richelieu, datée de Paris le 20 Avril 1774, adressée à Benavent, par laquelle M. le Maréchal charge Benavent de recommander à MM. les Ducs de la Vauguyon & d'Aiguillon les intérêts du Répondant, qui postuloit alors une grace du Ministere; la seconde, que nous avons lieu de présumer être de sa main, est un billet adressé à Benavent, au nom de la dame de Saint-Vincent, par lequel ladite dame de Saint-Vincent recommande à Benavent de ne point parler à M. d'Aiguillon de la part de M. le Maréchal, & de rien dire à M. le Maréchal, au cas qu'il le trouve à Verſailles; lui obſervons qu'*on nous aſſure que M. le Maréchal de Richelieu n'a jamais écrit à Benavent;* que le corps de la lettre n'eſt de l'écriture d'aucun Secrétaire du Maréchal, que la ſignature n'eſt point de ſa main; enſorte qu'il y a lieu de croire que cette lettre a été ſuppoſée pour autoriſer Benavent à ſe préſenter à MM. les Ducs d'Aiguillon & de la Vauguyon, & leur faire entendre que M. le Maréchal prenoit intérêt à lui Répondant; & que comme Benavent ſe propoſoit de faire uſage de cette lettre, un jour que le Maréchal étoit à Verſailles, on craignoit que M. le Duc d'Aiguillon, ou M. le Duc de la Vauguyon ne parlaſſent à M. le Maréchal de la lettre que Benavent leur avoit montrée, ce qui auroit découvert le faux, raiſon pour laquelle le Répondant écrivit le billet en queſtion; ſommé de s'expliquer ſur tout ce que deſſus?

A dit, qu'il eſt vrai que M. le Maréchal a écrit pluſieurs fois à Madame de Saint-Vincent; qu'il ſollicitoit vivement la grace auprès du Miniſtre, que le Répondant demandoit; M. le Maréchal en a effectivement parlé à M. Charlot & à M. le Duc de la Vauguyon par ſes lettres; il donne ſa parole d'honneur qu'il en a auſſi parlé à M. d'Aiguillon, & que lui Répondant aura entiere ſatisfaction. M. le Duc de la Vauguyon & M. Charlot certifieront que M. le Maréchal leur a parlé; M. le Maréchal ayant mandé qu'il conſentoit que l'on ſollicitât cette grace de ſa part, Benavent connoiſſant le Commis du Bureau de la Guerre, s'en chargea; pour l'autoriſer dans cette miſſion, la dame de Saint-Vincent porta une lettre toute écrite chez M. le Maréchal, qu'il ſigna devant elle, à ce qu'elle a dit au Répondant, & qui eſt celle repréſentée; qu'avant cette lettre, le ſieur Benavent avoit parlé à M. le Maréchal à Verſailles; on en fournira un témoin. Le billet que le Répondant a effectivement écrit à Benavent de la part de la dame de Saint-Vincent, & qu'il reconnoît dans celui repréſenté, n'a point été écrit par ſoupçon que la lettre fût fauſſe; il a été écrit, parce que le Répondant voyant languir ſon affaire, craignit que M. de la Vauguyon ſon Colonel, ne fût fâché qu'on employât un autre que lui pour obtenir cette grace; & ne voulant plus s'en rapporter qu'à ſon Colonel, il avoit le projet de ne plus en parler à M. le Maréchal.

12. A lui remontré, qu'il eſt ſingulier qu'au lieu de demander

une lettre de recommandation pour l'affaire en question, on lui en ait porté une toute écrite ; & que si dans le vrai, la signature apposée au bas de ladite lettre se trouve être fausse, cela forme une présomption très forte de la fausseté des autres signatures ; sommé de nous dire si cette lettre a été résolue entre lui & la dame de Saint-Vincent, & qui a écrit le corps de ladite lettre ?

A dit, que c'étoit pour éviter au Maréchal, qui commençoit à s'ennuyer de cette affaire, la peine de dicter ou d'écrire ladite lettre, qui a déterminé à la lui porter toute écrite ; que cela étoit d'accord entre lui & la dame de Saint-Vincent ; ignore qui a écrit le corps de ladite lettre.

13. S'il a vû souvent M. le Maréchal de Richelieu à Poitiers chez la dame de Saint-Vincent ; ou si au contraire les visites du Maréchal n'étoient pas fort rares, & n'avoient lieu que trois ou quatre fois l'année, lorsque le Maréchal alloit ou revenoit de son Gouvernement ?

A dit, *qu'il n'a jamais vû le Maréchal à Poitiers chez la dame de Saint-Vincent*, mais l'y a vû aller deux fois ; & il a oui dire qu'il n'étoit jamais passé à Poitiers, sans lui aller faire des visites. A REMARQUER.

14. Si dans le séjour de la dame de Saint-Vincent à Paris, le Répondant a vû souvent M. de Richelieu chez elle ; ou s'il a vû ladite dame aller très-fréquemment à l'hôtel de Richelieu ?

A dit, qu'il l'a entendu une fois chez elle sans le voir, ainsi qu'il l'a dit ci-dessus ; ne l'y a jamais vû, mais a oui dire qu'il y avoit été plusieurs fois, & que la dame de Saint-Vincent avoit aussi été plusieurs fois chez lui.

15. Si la dame de Saint-Vincent y alloit très-souvent, combien de fois par semaine à-peu-près ; si ces visites étoient fréquentes & à toutes sortes d'heure ; & lui observons que nous avons lieu de croire qu'il est en état de répondre précisément à cette question, puisqu'il voyoit la dame de Saint-Vincent très-fréquemment, & en étoit avec elle à ce point de confiance, qu'elle lui laissoit décacheter ses lettres qu'elle recevoit du Maréchal ?

A dit, que quoiqu'il eût l'honneur de voir très-fréquemment la dame de Saint-Vincent, elle ne lui a pas dit combien de fois elle avoit été voir M. le Maréchal, & il l'ignore ; convient qu'il a décacheté quelques lettres du Maréchal à la dame de Saint-Vincent, ainsi qu'il l'a dit ci-dessus.

16. S'il a écrit le corps de quelques-uns des billets prétendus souscrits par M. le Maréchal, ou vû écrire lesdits billets ?

A dit, qu'il n'en a point écrit, mais en a vû écrire.

16 Par qui ?

bis. A dit, qu'il en a vû écrire par le sieur de la Tour, ancien Avocat au Parlement, que l'on avoit consulté pour la forme desdits billets; que le sieur de la Tour a écrit le corps du billet de cent mille écus, & celui de cinq de 60,000 livres; qu'il en aussi vû écrire par des Ecrivains des rues, mais ignore les noms & demeures desdits Ecrivains.

17. S'il a sçu l'histoire de la dame de Saint-Vincent, & qu'elle avoit été retenue au Couvent en Rouergue pendant près de vingt ans, sur une Lettre de Cachet obtenue par sa famille; & depuis qu'elle étoit à Poitiers sous une autre Lettre de Cachet ?

A dit, qu'il ne connoît pas parfaitement l'histoire de la dame de Saint-Vincent; a oui dire qu'elle avoit été au Couvent par Lettre de Cachet demandée par sa famille, laquelle Lettre avoit été levée par l'entremise de M. le Maréchal.

18. S'il a eu connoissance que la dame de Saint-Vincent, après les premieres recherches des billets, ait voulu s'enfuir; & lui observons que nous avons tout lieu de croire qu'elle a eu ce dessein, duquel elle a probablement fait part au Répondant, vû la grande intimité qui étoit entr'eux ?

A dit, que la dame de Saint-Vincent étant d'un caractere timide & craintif, eut peur du pouvoir de son mari & de l'autorité du Roi, que le crédit de M. le Maréchal pouvoit employer : dans cette crainte, elle disoit à chaque instant qu'elle *vouloit mourir*, qu'elle *vouloit s'en aller ;* mais que le Répondant est sûr qu'elle ne seroit point partie, n'ayant aucune raison pour cela.

19. S'il a connoissance que M. de Richelieu regardât Madame de Saint-Vincent comme une mauvaise tête, & s'il ne lui parloit pas sur ce ton dans ses lettres ?

A dit, qu'il a vû des lettres où M. le Maréchal lui disoit qu'elle avoit une mauvaise tête; & entre autres, une où il lui disoit qu'on pouvoit s'en passer quand on avoit un bon cœur.

20. S'il a connoiſſance de ce que la dame de Saint-Vincent a fait des billets de M. le Maréchal, à meſure qu'elle les a fait convertir ?

A dit, avoir oui dire qu'ils avoient été déchirés ou rendus, & il a vû les morceaux de deux.

Lui avons remontré, qu'il paroît extraordinaire qu'il ait eu une confiance aſſez forte pour croire la réalité de tous les billets en queſtion, juſqu'à l'atteſter, ainſi qu'il l'a fait quant à celui de 25,000 livres, & qu'il nous ſemble qu'une foule de circonſtances devoit le faire douter; qu'il paroît en effet ſingulier *que M. le Maréchal, qui ne connoît la dame de Saint-Vincent que depuis ſon ſéjour à Poitiers, ne l'ayant vue que là, qui la connoiſſoit pour une mauvaiſe tête, pour une femme qui avoit paſſé ſa vie dans des Couvens ſous des Lettres de Cachets obtenues par ſa famille, & par conſéquent nullement dans l'opulence, ait fait un ſacrifice auſſi conſidérable, pendant qu'avec un millier d'écus de penſion, il pouvoit lui procurer une aiſance relative au genre de vie qu'elle avoit menée juſqu'alors; que la maniere même dont on lui annonçoit qu'il avoit fait ce ſacrifice, le peu de vraiſemblance d'un mandat de cent mille écus ſur un Banquier, la converſion de ces différens billets, écrits tous de mains étrangeres; l'envoi de ces billets par un Laquais pendant que la dame de Saint-Vincent avoit ſes entrées libres chez le Maréchal, & mille autres circonſtances relatives au Duc de Richelieu, une foule d'autres circonſtances relatives à la dame de Saint-Vincent; telles, par exemple, que le dénuement abſolu où elle étoit, & dans lequel elle eſt reſtée longtems, ayant les billets dans ſes mains; la maniere dont elle les a négociés & ſe préparoit à les négocier avec des pertes énormes & clandeſtinité, rendent ſa crédulité fort ſinguliere; que ſi l'on joint à cela la part qu'il a priſe dans leſdites négociations, la chaleur qu'il a miſe pour les procurer, & l'intérêt qu'il paroiſſoit avoir à la lettre de recommandation, l'on eſt tenté de le ſoupçonner?*

A dit, que d'après la correſpondance qu'il avoit vû, les lettres qu'il avoit lui-même portées à la poſte ou chez M. le Maréchal à ſon hôtel à Paris, la vérification qu'il avoit lui-même faite d'un billet, celles qui avoient été faites par les acquéreurs deſdits billets vendus, le Répondant avoit une conviction entiere de la vérité; & que ce n'eſt qu'à cette raiſon, connoiſſant les beſoins de la dame de Saint-Vincent, qu'il s'eſt prêté à lui procurer de l'argent ſur ſes billets, ſans y mettre ſûrement une grande chaleur, puiſqu'il n'a point réuſſi à lui en faire vendre; d'ailleurs il n'eſt pas étonnant que le Marechal ait envoyé les billets par un Laquais, puiſque la dame de Saint-Vincent n'alloit chez lui que quand elle étoit avertie; qu'il avoit vû pluſieurs fois le même Laquais lui porter des lettres, & a oui dire qu'il ſe nommoit Saint-Jean.

S'il n'a jamais été en priſon?

A dit, que non.

Lecture, a perſiſté & ſigné; & les pieces repréſentées n'ont été paraphées que de nous, le Répondant ayant refuſé de le parapher; ainſi ſigné en cet endroit de la minute des préſentes, DE VEDEL MONTEL & BACHOIS, *& plus bas*, COCHIN, avec paraphe.

DEUXIEME

DEUXIEME INTERROGATOIRE,

Du premier Octobre 1774.

AVONS mandé & fait venir de sa prison du petit Châtelet le sieur de Vedel de Montel, lequel après serment, a dit se nommer François de Vedel de Montel, Lieutenant-Colonel d'Infanterie, & Major du Régiment Dauphin, âgé d'environ 48 ans, natif d'Aiguevive en Languedoc, demeurant à Paris, rue des Cannettes, Carrefour Saint-Sulpice, à l'ancienne Académie de Vandeuil, où il fait élection de domicile, pour satisfaire à l'Edit.

1. Lui avons représenté douze billets, savoir le premier de 60, 000 livres, en date du 13 Novembre 1773, négocié au sieur de Préville; le deuxieme du premier Mars 1774, de 30, 000 livres; le troisieme de 20, 000 livres, du 15 Janvier 1774 (*ces deux derniers représentés par le sieur Abbé de Villeneuve, lors de son interrogatoire du 18 Août dernier*); le quatrieme,* DU 8 MAI 1774, de 20, 000 livres; le cinquieme, du 4 Avril 1774, de 35, 000 livres; le sixieme, de 25, 000 liv., du 15 Mars 1774. (Ces trois derniers faisant en total, la somme de 80, 000 livres, négociés au sieur Rubi); le septieme, du 13 Novembre 1773, de 60,000 livres; le huitieme, du 15 Décembre 1773, de 40,000 livres; le neuvieme, du premier Janvier 1775, de 35,000 livres; le dixieme, du premier Février 1774, de 45,000 livres; le onzieme, du 15 Février 1774, de 25,000 livres. (Ces cinq derniers déposés par Me Lafite; Procureur de la dame de Saint-Vincent); le douzieme & dernier, du 15 Décembre 1773, de 20,000 livres, faisant la septieme piece de la 2e liasse des papiers trouvés dans les poches du sieur Benavent; lesdits 12 billets, *signé* le Maréchal, Duc de Richelieu, formant ensemble la somme de 425,000 livres; interpellé de les

* Ce jour étoit la surveille de la mort du Roi. Il est de notoriété publique que M. le Maréchal étoit alors à Versailles; & personne ne croira qu'il s'y occupât de faire des billets à Madame de Saint-Vincent.

reconnoître, & de déclarer s'il a connoiſſance que leſdits billets ſoient véritablement ſignés de M. le Duc de Richelieu, & que mondit ſieur de Richelieu en ſoit débiteur ; & lui obſervons que M. le Maréchal de Richelieu ſoutient que les ſignatures apposés au bas deſdits billets, enſemble les bons pour les ſommes y énoncées, ſont faux ; ſommé auſſi de parapher leſdits billets?

A dit, qu'il reconnoît leſdits billets, pour les avoir vus entre les mains de Madame de Saint-Vincent, laquelle lui a dit les tenir de M. le Maréchal de Richelieu ; a tout lieu de croire que cela eſt vrai, d'après ce qu'il a vu, & fait conformément à ce qu'il a déclaré dans ſon premier interrogatoire, que ſi M. le Maréchal les dit faux, c'eſt à lui à le prouver ; croit au ſurplus inutile de les parapher, & a refuſé de le faire, & ils ne l'ont point été de nous, l'ayant été ci-devant.

2. Lui avons repréſenté *les 5e., 6e, 7e, 9e, 11e, 12e, 13e, 14e, 18e, 26e, 27e, 28e, 29e, 30e, 31e, 32e, 33e & 34e des pieces dépoſées par Me Lafite, Procureur en cette Cour, les 2 & 3 Septembre dernier ; enſemble la douzieme piece de la premiere liaſſe des papiers trouvés ſous les ſcellés apposés par le Commiſſaire Chenon, chez la dame de Saint-Vincent* ; toutes leſquelles pieces ſont lettres ou fragmens de lettres prétendues adreſſées à la dame de Saint-Vincent, & à lui Répondant par M. de Richelieu ; ſommé de s'expliquer ſur leſdites pieces, & de déclarer s'il prétend ſoutenir que leſdites lettres ſoient écrites par M. le Maréchal de Richelieu ; & lui obſervons que M. de Richelieu a formé ſon inſcription de faux contre les 19 lettres, & ſoutient ne les avoir pas écrites ; ſommé de s'expliquer & de parapher leſdites lettres?

A dit, qu'il ne peut dire s'il a vu toutes leſdites lettres entre les mains de la dame de Saint-Vincent ; mais qu'il en a vu une quantité conſidérable entre les mains de ladite dame, qu'il y en a trois qui lui ont été adreſſées & *remiſes par la dame de Saint-Vincent* ; qu'il a tout lieu de croire que leſdites lettres ſont de M. le Maréchal, vu la conformité du caractere de celles repréſentées, avec celui du très-grand nombre de lettres de M. le Maréchal qu'il a vu entre les mains de la dame de Saint-Vincent, & a refuſé de parapher leſdites lettres qui ne l'ont point été de nous, l'ayant été ci-devant. Obſerve ſur deux des lettres à lui adressées & à lui remises à Poitiers par Madame de Saint-Vincent, qu'il a lui même mis ses réponses dans les lettres de la dame de Saint-Vincent, qu'il a portées lui-même à la poste.

3. Lui avons représenté les 19 autres pieces, faisant avec les 18 ci-dessus représentées, les 37 déposées par Me Lasite, sur lesquelles 19 pieces, M. de Richelieu ne s'est point expliqué; sommé de les reconnoître, de s'expliquer sur icelles, & de les parapher?

A dit, qu'il n'a rien à dire de plus sur celles-ci que sur les autres, & a refusé de les parapher.

4. S'il sait qui a écrit le corps des billets argués de faux?

A dit, que les deux de 60,000 liv. chacun, sont écrits par le sieur Garisson de la Tour, Avocat au Parlement, qui a été consulté, pour en donner le modele; qu'à l'égard des autres, il sait qu'il y en a qui ont été écrits par des Ecrivains publics, & qu'il ignore par qui les autres ont été écrits.

5. S'il peut nommer les Ecrivains ou l'endroit où on a été les chercher? S'ils ont écrit lesdits billets chez eux ou chez la dame de Saint-Vincent?

A dit, qu'il ne sait le nom d'aucun des Ecrivains, ni leur demeure, que celle du sieur Garisson de la Tour, Avocat; *qu'il en a fait écrire* par des Ecrivains, du nom desquels il ne se rappelle pas.

6. Lui avons remontré, qu'il est fort étonnant qu'on ne puisse savoir par personne la demeure d'un seul des Ecrivains, que *lui Répondant qui convient en avoir fait écrire, seroit plus à même que personne de nous instruire là-dessus; que même il devroit s'expliquer fort nettement, parce qu'on aura toujours quelque peine à se persuader qu'un homme de son état & de son âge, se soit prêté de bonne-foi à faire écrire par des Ecrivains publics, des billets qu'on se proposoit de faire souscrire par M. de Richelieu; il auroit dû sentir qu'un homme comme M. de Richelieu, quand il vouloit faire des billets, sur-tout pour des sommes importantes, les écrivoit lui-même, ou au moins les faisoit écrire par ses Secrétaires; d'ailleurs, nous avons remarqué, & lui Répondant est à même de s'en convaincre, que tous les billets sont écrits sur du papier très-fin & doré sur tranche; & il est notoire que les Ecrivains publics se servent très-peu de papier de cette espece.*

A dit, qu'il s'est expliqué très-nettement, qu'il dit les demeures qu'il sait, & que le sieur Garisson de la Tour, demeure rue du Four Saint-Honoré, & qu'il n'est pas étonnant qu'il ne se ressouvienne pas d'un Bureau d'Ecrivain que le hasard lui a fait rencontrer. Quant au papier doré sur tranche, c'est une chose toute simple, si on l'a fourni à l'Ecrivain, si d'ailleurs Madame de Saint-Vincent a à sa disposition un homme qui sache contrefaire l'écriture de M. le Maréchal, au point de faire des lettres entieres, & même une correspondance suivie de nombre d'années, il auroit également fait le corps des billets, si elle l'avoit employé pour ce fait. Il est donc visible qu'elle n'a fait remplir le corps desdits billets par des mains étrangeres, que pour éviter de la peine à M. le Maréchal, ou pour lui éviter de confier à un de ses Secrétaires le don qu'il vouloit faire.

7. Pourquoi n'écrivoit-il pas lui-même les billets, plutôt que d'avoir recours à une main étrangere ?

8. A dit, que c'est une chose qu'il faut demander à Madame de Saint-Vincent, & qu'il n'a fait que ce dont elle l'a prié.

Lui avons représenté, 1°. dix liasses de papiers, trouvés sous les scellés apposés par le Commissaire Chenon, chez la veuve Leroy; la premiere, composée de 12 pieces, qui sont lettres de la dame de Saint-Vincent à lui Répondant; la deuxieme, composée de 4 pieces; la troisieme, de 10; la quatrieme, de 16; la cinquieme, de 2 pieces qui sont, une lettre de M. de Richelieu à la dame de Saint-Vincent, & une adresse d'autre lettre à ladite dame, cachetée des armes de M. de Richelieu; la sixieme, composée de 100 pieces; la septieme, de 100 pieces; la huitieme, de 100 pieces; la neuvieme, de 133 pieces, & la dixieme & derniere de cinq pieces, qui sont *renseignemens de négociations d'entre lui Répondant & la veuve Leroy*, toutes lesdites autres pieces sont lettres de la dame de Saint-Vincent à lui Répondant. Interpellé de reconnoître lesdites pieces, de s'expliquer sur icelles, & de les parapher ?

A dit, qu'il reconnoît lesdites pieces, comme étant en général des lettres de la dame de Saint-Vincent à lui Répondant, & a refusé de les parapher.

9. Lui avons représenté onze autres liasses, trouvées sous les scellés apposés par le Commissaire de Graville chez la veuve Leroy; la premiere, composée de 10 pieces; la deuxieme,

de 30; la troisieme, de 45; la quatrieme, de 37, qui sont toutes lettres de la dame de Saint-Vincent à lui Répondant.

La cinquieme, la sixieme, de 2 pieces, qui sont *des fragmens découpés* de lettres, paroissant écrites par M. de Richelieu à la dame de Saint-Vincent.

La septieme, de 3 pieces, lettres de la dame de Saint-Vincent à lui Répondant; la huitieme, c'est-à-dire 4 autres liasses de papiers, trouvées dans un paquet cacheté & intitulé : BROUILLONS.

La premiere, composée de 15 pieces, qui sont lettres & mémoires relatifs à lui Répondant.

La deuxieme, de 10 pieces, qui paroissent des copies ou modeles de lettres de M. de Richelieu; *le tout écrit de la main de lui Répondant.*

La troisieme, composée *de 17 pieces, écrites, tant par lui Répondant que par la dame de Saint-Vincent*, & qui paroissent établir la contrefaction des billets du Maréchal de Richelieu.

La quatrieme & derniere, composée de 8 pieces, relatives à une affaire entre lui Répondant, & la famille de la demoiselle *de Ledenon*; sommé de reconnoître lesdites pieces & de les parapher?

A dit, qu'il reconnoît toutes lesdites pieces pour les avoir eues à sa disposition, & les avoir confiées à la veuve Leroy; convient même d'en avoir écrites quelques unes qui sont copies de lettres qu'il a transcrites sous la dictée de Madame de S. Vincent qui tenoit les originaux, & a refusé de parapher toutes lesdites pieces.

10. Lui avons encore représenté trois autres liasses de papiers, trouvés sous les scellés de lui Répondant.

La premiere, composée de 4 pieces, entr'autres, une lettre de la dame de Saint-Vincent écrite sur deux feuilles.

La deuxieme, composée de 11 pieces, qui sont, la plûpart, lettres de la dame de Saint-Vincent écrites à lui Répondant.

La troisieme & derniere, composée de 8 pieces, dont la derniere est une note écrite par la dame de Saint-Vincent, portant ces mots : « Edouard est né le 28 Août, 9 heures du soir : il a eu l'eau sans » être baptisé : le Chirurgien a demeuré ici trois jours, & est » reparti le lendemain. Je lui ai donné 25 louis : le neveu de la » Prieure a prêté 40 louis pour fournir à tous les frais »; sommé de reconnoître lesdites pieces, & de s'expliquer sur icelles, A REMARQUER.

& notamment sur cette derniere, & de déclarer si cet Edouard n'est pas un enfant dont la dame de Saint-Vincent est la mere & lui le pere; en tout cas de déclarer si de son commerce avec la dame de Saint-Vincent établi d'une maniere certaine par la multitude de lettres ci-dessus représentées, il n'est pas né un enfant, & ce qu'est devenu cet enfant; lui observons sur ce point que M. de Richelieu, & peut-être la Justice ne l'interrogeroient pas sur cet article, s'il n'avoient une relation nécessaire & intime avec la question qu'on cherche aujourd'hui à éclaircir, & dont la décision importe plus encore à l'honneur qu'à la tranquillité de M. Richelieu & de ses Adversaires; que d'après cette observation, nous croyons qu'il est de son devoir, ainsi que de son intérêt, de donner à la Justice tous les éclaircissemens possibles sur ce qui s'est passé entre lui & la dame de Saint-Vincent.

A dit qu'il reconnoît toutes lesdites pieces, lesquelles n'ont point été paraphées, l'ayant été ci-devant de nous & du Répondant, & s'expliquant sur notre question, a dit qu'il est ici comme accusé d'une fabrication de billets supposés faux, & que ce trait n'ayant rien de commun avec le fait dont est question en l'interrogation l'on ne devroit pas lui en parler, M. le Maréchal ne devant pas prendre la place du mari qui auroit seul lieu de se plaindre. Au reste, quoique la question soit plus qu'indiscrete vis-à-vis d'un homme d'honneur, il déclare qu'il n'a jamais eu d'enfant avec la dame de Saint-Vincent, qu'il ne l'a jamais vu accoucher, & qu'il ne croit pas qu'on puisse lui prouver qu'elle ait fait d'enfant dans aucun mois d'Août depuis qu'il connoît la dame de Saint-Vincent.

11. A lui remontré qu'il est fort important qu'il s'explique sur tout cela, que la dame de Saint-Vincent a donné pour cause à la générosité extraordinaire de M. de Richelieu envers elle, que M. de Richelieu avoit eu d'elle un enfant, au sort duquel il a voulu pourvoir; cette allégation est de toute fausseté, & M. de Richelieu est en état d'en montrer la fausseté; ce qui devient inutile, parce que Madame de Saint-Vincent en convient, mais toujours est-il vrai qu'au moment où cette affaire a éclaté, on a de la part de Madame de Saint-Vincent, & de la part de ceux qui s'intéressoient à elle, débité avec la plus grande indiscrétion, non-seulement aux curieux à qui l'on par-

loit, mais encore aux Magiſtrats & aux Miniſtres, que la cauſe des billets de 400,000 livres étoit l'enfant; on a été juſqu'à montrer à ces derniers, ainſi qu'à d'autres perſonnes une lettre prétendue de M. de Richelieu, à la dame de Saint-Vincent, par laquelle M. de Richelieu s'expliquoit ſur la maniere d'élever ce prétendu enfant; cette lettre a été vue & lue par pluſieurs perſonnes très-dignes de foi; cependant quelques efforts que l'on ait faits pour la faire produire, il n'a pas été poſſible d'en venir à bout. Voilà donc une lettre fauſſe que l'on craint de produire; & s'il y en a une fauſſe, qui garantit la vérité des autres? Sommé de nous déclarer s'il a vu cette prétendue lettre de M. le Maréchal, s'il a débité cette fable de l'enfant: & lui obſervons que comme nous avons tout lieu de croire, ainſi que nous le lui prouverons par la ſuite, qu'il a réellement exiſté un enfant de Madame de Saint-Vincent, il a le plus grand intérêt de tirer tout au clair, parce qu'on aura tout lieu de croire d'après l'exiſtence de cet enfant, démontrée par les lettres de la dame de Saint-Vincent, ſon intimité avec ladite dame, ſes fréquens beſoins d'argent, & les efforts incroyables qu'elle faiſoit pour lui en procurer; qu'il y a eu un complot entre lui & la dame de Saint-Vincent, pour mettre cet enfant ſur le compte de M. le Maréchal, & à ce titre tirer de l'argent de lui; & pour éviter la prolixité, lui avons fait lecture de nombre de lettres à lui écrites par la dame de Saint-Vincent, & énoncées dans l'interrogatoire de ladite Dame, toutes leſquelles lettres prouvent d'une maniere évidente *la groſſeſſe de ladite dame, la naiſſance de l'enfant, la fievre de lait de la mere qui a été ſuivie d'une fievre putride, & la ſurvie de l'enfant.* A REMARQUER.

A dit qu'il ne ſe reſſouvient pas de la lettre de M. le Maréchal, qui parle de l'enfant, & a toujours cru que c'étoit une folie de la part de la dame de Saint-Vincent, lorſqu'elle lui diſoit qu'elle étoit groſſe, & même accouchée, & a cru que c'étoit un moyen dont elle ſe ſervoit pour ſe l'attacher davantage; qu'il n'y a jamais eu de complot entr'elle & lui, pour donner aucun enfant à M. le Maréchal, peut-être ſe ſervoit-elle de la même ruſe avec ce dernier pour en venir aux mêmes fins, mais il eſt certain qu'il n'a jamais vu d'enfant de Madame de Saint-Vincent; qu'à l'égard des efforts que Madame de Saint-Vincent faiſoit pour lui procurer de l'argent, c'étoit pour lui rendre celui qu'il lui avoit prêté, même à la considération de M. le Maréchal.

12. Quel argent il a prêté à la dame de Saint-Vincent, en quel tems, où, & comment a-t-il pu prêter à la considération de M. le Marechal, *qu'il n'a jamais vu que deux fois dans une maison tierce ?*

A dit qu'il a prêté à la dame de Saint-Vincent, à Poitiers, à son Couvent, à la considération de M. le Maréchal, sur des lettres qu'elle lui avoit montrées de lui, & une lettre qu'il avoit lui-même, qui a été déposée, par laquelle il la recommandoit à lui Répondant.

13. Lui observons que toutes ses réticences se tourneront contre lui; que nous lui répétons encore qu'il doit expliquer tout ce qui s'est passé entre lui & la dame de Saint-Vincent; une partie de leur correspondance paroît établir que la dame de Saint-Vincent lui en imposoit à lui même & l'attrapoit; *mais une autre partie donne à croire qu'il a été instruit de bien des mensonges de ladite Dame, & qu'il s'y est, non-seulement prêté, mais qu'il a coopéré avec elle pour tromper M. le Maréchal;* s'il ne jette le plus grand jour sur sa conduite, on sera en droit de tirer contre lui tout le louche que ses réticences laisseront. Il prétend par exemple, avoir prêté de l'argent à la dame de Saint-Vincent, cette assertion paroît démentie par la correspondance qui indique, de sa part, *un besoin continuel* & pressant d'argent à toutes les époques possibles; elle ne peut donc trouver créance en Justice, qu'autant qu'il déclarera quelle somme il a prêté, quels actes, ou quelle sûreté il a pris de cette somme, quelles personnes ont été instruites du prêt, & comment lui-même a été dans la possibilité de le faire; sommé de s'expliquer?

A dit que la dame de Saint-Vincent est trop honnête pour nier qu'elle a dû à lui Répondant, depuis presque le commencement de leur connoissance; qu'elle lui doit encore, par conséquent il n'est pas étonnant qu'il ait eu besoin d'argent à toutes les époques, *ses ressources* ont été sa propre bourse, celle de ses amis, LA CAISSE DU RÉGIMENT, des marchandises qu'il a achetées pour revendre; M. Vigier, Directeur des Aides à Poitiers, lui a lui seul prêté 6000 livres.

14. Lui observons qu'il ne répond point à notre question; que le témoignage

témoignage de la dame de Saint-Vincent seul ne signifie rien, parce qu'il est question de sa part de se purger d'un délit qu'on lui impute, & qu'on suppose lui être commun avec la dame de Saint-Vincent; que d'ailleurs il ne peut mieux invoquer ce suffrage, puisque dans le nombre immense de lettres de la dame de Saint-Vincent à lui, & existantes au procès, & où la dame de Saint-Vincent n'étoit pas dans le cas de dissimuler les obligations qu'elle pouvoit lui avoir, *elle ne parle pas une seule fois d'aucune dette envers lui;* sommé de s'expliquer, de déclarer s'il veut répondre à notre question, & dire quelles sommes il a prêtées à la dame de Saint-Vincent?

A dit que quant à la somme qu'il a prêtée à la dame de Saint-Vincent, ils sont d'accord là-dessus, & que d'ailleurs c'est une affaire à arranger entr'eux, & qui n'a rien de commun avec la vérité des billets.

Ce fait, tous les papiers ci-dessus représentés n'ont point été paraphés de nous, l'ayant été ci-devant.

Avons continué le présent interrogatoire au premier jour.

Lecture, a persisté & signé.

Du 3 Octobre 1774.

Avons mandé & fait venir de sa prison du Fort-l'Evêque, le sieur de Vedel-Montel, lequel après serment, a dit se nommer, &c.

15. Interrogé s'il est bien sûr de ce qu'il nous a dit dans la derniere vacation; que le sieur Garrisson de la Tour avoit écrit le corps des six premiers billets, l'un de 100 mille écus, & les cinq autres de 60,000 livres chacun, prétendus envoyés par M. de Richelieu à la dame de Saint-Vincent, le 13 Novembre 1773?

A dit qu'il en est très-certain.

16. A lui remontré que, cependant nous avons tout lieu de présumer que le sieur Garisson de la Tour, consulté par le Répondant sur la forme qu'il convenoit de donner à des billets, s'est uniquement expliqué sur cette forme, & lui a remis des modeles de billets, sans aucune énonciation de sommes, en telle sorte que les billets de 60,000 livres existans au procès, & qu'il

prétend écrits par ledit ſieur Latour, ne ſeroient pas réellement écrits de la main du ſieur Latour, attendu que l'énonciation de ſommes eſt de la même main que le corps deſdits deux billets.

A dit qu'il n'y a qu'à vérifier l'écriture du ſieur Latour, & on la reconnoîtra dans celle des deux billets en queſtion, qu'il perſiſte à ſoutenir être en entier de la main du ſieur Latour.

17. A quelle époque le billet de 100,000 écus envoyé le 13 Novembre 1773, a-t-il été converti en billets de moindres ſommes ?

A dit qu'il croit que c'eſt en * *Février ou Mars dernier.*

* *Nota.* Aucun des accuſés n'eſt d'accord ſur cette époque, contredite par les dates des billets.

18. S'il n'a pas montré leſdits billets convertis au ſieur Latour ?

A dit qu'il ne ſe le rappelle pas.

19. A lui remontré que, quoiqu'il ne convienne point de la groſſeſſe & de l'accouchement de la dame de Saint-Vincent, il n'en demeurera pas moins pour conſtant en Juſtice, *qu'il a réellement exiſté un enfant, provenu de lui & d'elle ;* juſqu'à ce qu'il ait prouvé l'impoſſibilité & l'invraiſemblance que la dame de Saint-Vincent ait inſiſté par la multitude de lettres dont nous lui avons donné ci-devant lecture ſur l'exiſtence de cet enfant, qui ne ſeroit qu'une chimere ; qu'il ait expliqué comment la dame de Saint-Vincent a pu par ces lettres lui perſuader cette naiſſance, la maniere dont il en a été déſabuſé, & les motifs qui ont pu les déterminer à reſter en relation avec la dame de Saint-Vincent, qui auroit ſur ce point pouſſé l'impoſture, juſqu'où elle eſt pouſſée par leſdites lettres : ſommé de s'expliquer ?

A dit que M. le Maréchal n'avoit aucun droit de faire faire des informations ſur les vies & mœurs du Répondant, qu'il n'y avoit d'autre plainte portée contre lui, que pour une fabrication de billets prétendus faux, que le Répondant n'en a jamais fait, ni vu faire, & que toutes les fois que l'on s'écartera de cette queſtion, il n'a rien à répondre, & ne répondra rien.

20. Lui avons, par attention pour lui, & pour la derniere fois, repréſenté qu'il doit répondre ſur tous les faits relatifs à la plainte ; que ce n'eſt point M. de Richelieu qui l'interroge, mais la juſtice que M. de Richelieu a obtenu la permiſſion d'informer ſur les billets & lettres argués de faux, tant par titres, vérification d'écriture, que par témoins ; qu'il importe à M. de Richelieu, ainſi qu'à lui Répondant & à ſes co-accuſés, qu'indépen-

damment de la fausseté, ou vérité de la signature des billets qui sera constatée par des experts, on ait sur ladite fausseté ou vérité, tous les autres genres de preuves que l'on peut avoir, & qu'il importe singuliérement à son honneur d'expliquer sa conduite ; pourquoi lui avons déclaré que sur tous les faits sur lesquels il ne s'expliquera pas, tant ceux sur lesquels nous l'avons déjà interrogé, que ceux sur lesquels nous l'interpellerons de s'expliquer par la suite, son procès lui sera fait comme à un muet volontaire, & qu'on tirera contre lui toutes les inductions qui résulteront de l'ensemble du procès ; en conséquence lui avons fait la premiere interpellation prescrite par l'Ordonnance, de répondre à notre question précédente, ensemble à celles que nous lui ferons par la suite ; sinon, & faute par lui de ce faire, lui avons déclaré que son procès lui sera fait comme à un muet volontaire, & qu'il ne sera plus reçu à répondre sur ce qui aura été fait en sa présence pendant sondit refus de répondre.

A répondu qu'il a déja satisfait avant-hier à la question qui lui est par nous faite à l'instant, en répondant qu'il n'avoit jamais fait ni vu faire d'enfant à la dame de Saint-Vincent ; qu'il a regardé comme des folies de la part de cette Dame, toutes les lettres qu'elle lui écrivoit, auxquelles il n'a jamais fait attention, & l'a laissé continuer, parce qu'il voyoit que cela l'amusoit.

21. A lui remontré qu'il élude la question : sommé de répondre catégoriquement ?

A répondu qu'il n'a jamais été persuadé de la naissance de cet enfant prétendu, & qu'il est resté lié avec la dame de Saint-Vincent, parce que *malgré ses mensonges*, elle avoit trouvé le moyen de l'attacher à elle ; mais si les billets sont déclarés vrais, de quelle utilité toutes ces questions auront-elles été ?

22. Lui avons représenté la vingt-troisiéme piece de la seconde liasse des papiers trouvés par le Commissaire de Graville sous les scellés apposés sur les papiers de la veuve Leroy ; & la trente-neuvieme piece de la huitieme liasse des scellés chez la même veuve Leroi par le Commissaire Chenon. La premiere est une lettre de la dame de Saint-Vincent à lui Répondant : « J'ai écrit » au Maréchal, lui dit-elle, que je suis dans l'excès de la mi- » sere.... Que j'étois en état de recevoir cet argent tant pro- » mis, sur lequel j'ai compté & agi en conséquence ; que j'ai

» *trois personnes de plus à nourrir & à payer, le petit, la nour-* » *rice*, &c ». La seconde, est copie d'une lettre de M. le Maréchal à la dame de Saint-Vincent, insérée dans une autre lettre de ladite dame à lui Répondant: M. le Maréchal y parle *de Pechot, de 100,000 écus, que Pechot comptera tout à la fois;* il dit, que la dame de Saint-Vincent sera la maîtresse de cette somme; mais qu'il lui conseille de se ménager des revenus pour vivre honnêtement, & *prendre soin de l'éducation, &c.* D'après ces deux lettres, il n'est pas possible de douter que lui Répondant ne fût instruit que Madame de Saint-Vincent faisoit accroire au Maréchal qu'elle avoit eu un enfant de lui: *d'où nous avons lieu de conclure qu'il se prêtoit à cette fraude;* lui observons néanmoins que M. le Maréchal nie avoir jamais reçu de Madame de Saint-Vincent aucune lettre relative à grossesse, accouchement, &c.; & que sa dénégation à cet égard est confirmée *par le refus constant que fait la dame de Saint-Vincent & ses co-accusés de produire les originaux desdites lettres*, quoiqu'on en ait montré, depuis la naissance de l'affaire actuelle, à plusieurs personnes, dont quelques-unes sont dans les plus hautes places; d'où il suit, que les lettres montrées sont fausses. Ainsi, d'après tout ce que dessus, voici le raisonnement qu'on est en droit de faire contre le Répondant: *il a existé des lettres de M. le Maréchal, falsifiées, relatives à un enfant; lui Répondant a eu connoissance, par les lettres ci-dessus écrites, & d'autres que nous ne lui citerons pas pour éviter des longueurs, que Madame de Saint-Vincent faisoit faussement accroire à M. de Richelieu qu'elle avoit eu un enfant de lui. De deux choses l'une, ou cette trame a été complotée entre lui & la dame de Saint-Vincent, & les lettres falsifiées sont leur ouvrage commun, ou Madame de Saint-Vincent lui a fait accroire qu'elle étoit parvenue à tromper le Maréchal, & à lui faire accroire qu'elle avoit eu un enfant de lui; & pour le lui persuader, lui a exhibé des lettres supposées du Maréchal, relatives à cet enfant; auquel cas il auroit moins de reproches à se faire, que s'il eût falsifié les lettres; mais toujours lui resteroit-il à se justifier d'avoir coopéré à cette fraude, sur un fait qui n'existoit réellement pas entre la dame de Saint-Vincent & M. de Richelieu, mais qu'elle lui faisoit accroire réellement exister.*

À REMARQUER.

A répondu, qu'il n'est pas capable d'entrer dans aucun complot de fausseté quelconque, & qu'on ne parviendra jamais à le lui prouver, parce que le fait n'existe pas; Madame de Saint-Vincent lui a montré des lettres de M. le Maréchal, le Répondant les a crues vraies & le croit encore; quant aux lettres que la dame de Saint-Vincent a écrites à lui-même Répondant, connoissant son génie, *il les a toujours regardées comme des folies de son esprit, & n'y ajoutoit pas la moindre foi;* mais quand il auroit crû ce qu'elle lui disoit, il n'auroit pu que chercher à l'empêcher de rien faire accroire à M. le Maréchal, le Répondant étant trop attaché à la dame de Saint-Vincent pour être son délateur; mais comme il ne croyoit rien de tout cela, il la laissoit faire, s'imaginant que cela l'amusoit.

23. A lui représenté, qu'il est démontré par les lettres ci-devant représentées & nombre d'autres, que la dame de Saint-Vincent faisoit accroire à M. le Maréchal qu'elle avoit eu un enfant de lui, & quels efforts le Répondant a-t-il fait pour la détourner d'une pareille supposition?

A dit, qu'il nous a répondu ci-dessus n'avoir jamais crû un mot de ce que lui écrivoit & disoit la dame de Saint-Vincent, & déclare qu'il n'a fait fonds que sur les lettres qu'elle lui montroit de M. le Maréchal, parce que ces lettres lui venoient par la poste, qu'il les voyoit souvent décacheter devant lui; que lui-même étant avec elle en décachetoit quelquefois le premier, & qu'il y en avoit qui étoient en réponse de celles qu'il avoit vû écrire par la dame de Saint-Vincent, qu'il avoit lui-même portées à la Poste, à l'adresse de M. le Maréchal; c'est d'après ces circonstances qu'il a crû les promesses que M. le Maréchal faisoit à Madame de Saint-Vincent.

24. Quel est le secret important à M. de Richelieu dont lui Répondant étoit porteur? lui observons qu'il peut & doit d'autant mieux s'expliquer sur cela, que M. de Richelieu déclare positivement ne lui avoir jamais confié aucun secret; n'avoir même jamais eu aucune relation avec lui, & ne l'avoir vû que deux fois à l'Intendance & à l'Evêché de Poitiers; qu'il argumente même de ce peu de relation, pour prouver la fausseté de nombre de lettres, dont les copies ont été trouvées sous les scellés, (mais dont on se garde bien de produire les originaux), dans lesquelles on suppose un secret entre lui Maréchal & le Répondant, & qu'il n'y a enfin que la découverte de ce secret qui

puiſſe juſtifier & rendre vraiſemblables les expreſſions attribuées à M. le Maréchal dans ſes lettres ; à l'égard de lui Répondant, la qualification ſinguliere qu'il lui donne de *Tiers*, & le don d'un des deux billets de 60,000 livres prétendus envoyés à la dame de Saint-Vincent le 13 Novembre 1773, fait à lui Répondant, toujours ſous ce nom myſtique de tiers ; & lui avons repréſenté pluſieurs lettres trouvées ſous les ſcellés relatives à ce fait ?

A dit, que le Maréchal eſt en état de dire le *ſecret*, & c'eſt à lui à le faire. Quant au *tiers*, c'eſt encore à M. le Maréchal à le nommer. Quant aux lettres, le Répondant en a fait dépoſer *trois* qu'il a reçu des mains de Madame de Saint-Vincent, qu'il a crû & croit encore être de M. de Richelieu, puiſqu'il a mis lui-même à la Poſte les lettres de la dame de Saint-Vincent, dans leſquelles étoit inſérée la réponſe que le Répondant faiſoit lui-même à M. le Maréchal ; * qu'il a eu d'ailleurs l'honneur de préſenter le corps de MM. les Officiers du Régiment Dauphin à M. le Maréchal, environ trois ou quatre fois, & de dîner ou ſouper avec lui au moins trois fois, ſoit à l'Evêché, ſoit à l'Intendance ; & qu'après un ſouper fait à l'Intendance, il eut l'honneur de parler au Maréchal au ſujet d'une Lieutenance de Roi qu'il deſiroit, & à laquelle demande la dame de Saint-Vincent lui avoit aſſuré que M. le Maréchal s'intéreſſeroit ; en effet, M. le Maréchal lui promit de le protéger, & lui dit de lui faire adreſſer un Mémoire, ce qui fut fait par la dame de Saint-Vincent, à la conſidération de laquelle il vouloit bien rendre ſervice au Répondant.

* *AVEU IMPORTANT.*

Une intimité myſtique des confidences importantes, un don de 60000 livres peuvent-ils réſulter de ces trois viſites de corps, & d'une entrevue en maiſon tierce ?

25. Sommé de nous déclarer quel eſt le ſecret important ſur lequel il ne s'eſt point expliqué, ainſi que ſur la qualification de tiers, & le don du billet de 60,000 livres ; & lui avons fait la premiere interpellation preſcrite par l'Ordonnance, en lui déclarant, que faute par lui de répondre ſur ces points, ſon procès lui ſera fait & parfait comme à un muet volontaire, & qu'il ne ſera plus reçu à répondre ſur ce qui aura été fait en ſa préſence pendant ſondit refus.

A dit, que quant au *ſecret*, c'eſt à M. de Richelieu à le dire ; quant au *tiers*, la dame de Saint-Vincent lui diſoit, que M. le Maréchal entendoit parler du Répondant, mais il a refuſé le don du billet de 60,000 livres destiné pour payer au Répondant ce que la dame de Saint-Vincent lui devoit, ayant préféré de s'en tenir à sa créance.

26. Avons pour la seconde fois interpellé le Répondant de déclarer quel est le prétendu secret important sur lequel il ne s'est point expliqué ; & lui avons déclaré, que faute par lui de répondre, son procès lui sera fait comme à un muet volontaire, & qu'il ne sera plus reçu à répondre sur ce qui aura été fait en sa présence pendant sondit refus.

A persisté dans sondit refus de répondre sur cet objet.

27. L'avons pour la troisieme & derniere fois interpellé de déclarer quel est ledit prétendu secret, & lui avons fait la même déclaration que dessus?

A persisté à dire *qu'il ne s'expliquera point sur cet article.*

28. S'il a eu connoissance que le sieur Pechot, Banquier à Bordeaux, ait reçu ordre du Maréchal de compter une somme quelconque à Madame de Saint-Vincent à Poitiers ; lui représentons qu'à cet égard, une multitude de lettres de la dame de Saint-Vincent à lui Répondant que nous lui avons indiquées dans les pieces trouvées sous les scellés, parlent des promesses du Maréchal de la prochaine arrivée de Pechot à Poitiers, ainsi que d'un dépôt de 45,000 livres chez un Procureur de Poitiers ; sommé de nous dire ce qu'il a cru de ce dépôt, ainsi que ce qu'il en sait, & de la prochaine arrivée de Pechot à Poitiers, & des cent mille écus qu'il devoit apporter?

A dit, qu'il n'a jamais rien sçu de Pechot, que ce que lui en a dit la dame de Saint-Vincent, & a cru effectivement, d'après les lettres de M. de Richelieu, que ce Banquier devoit compter la somme annoncée. Quant au dépôt de 45,000 livres, M. le Maréchal, par sa seconde lettre adressée au Répondant, lui mandoit de retirer en son nom pour payer les dettes de la dame de Saint-Vincent, la somme de 45,000 livres qu'il disoit être en dépôt chez un Procureur de Poitiers, & dont il disoit avoir oublié le nom * ; *sur cela le Répondant a cru que c'étoit une* CALEMBERDAINE *de M. le Maréchal* ; qui est-ce qui pouvoit mieux

* *Sur cela* le Répondant a dû voir, comme tout le monde, que cette lettre étoit *fausse* & une *CALEMBERDAINE* de Madame de Saint-Vincent. Il n'a pu adopter cette lettre pour la soutenir être de M. le Maréchal, sans une mauvaise foi insigne.

sçavoir le nom de cet homme, que celui qui lui avoit déposé ou fait déposer la somme ? Dans la même lettre, M. le Maréchal lui mandoit qu'il lui feroit passer une somme de 200,000 livres pour les placer; il n'a jamais effectué cette promesse.

29. Si la dame de Saint-Vincent ne lui a pas montré plusieurs lettres de Pechot, par lesquelles Pechot annonçoit sa prochaine arrivée à Poitiers?

A dit, qu'il ne s'en souvient pas.

30. Si elle ne lui a pas déclaré que le voyage de Pechot & toutes les lettres y relatives étoient un mensonge de sa part, & à quelle époque elle lui en a fait l'aveu ?

A dit, que la dame de Saint-Vincent lui est souvent convenue le lendemain des mensonges qu'elle lui avoit dit la veille; *mais ne se souvient pas de celui-là.*

31. A lui remontré, que sa correspondance avec la dame de Saint-Vincent, sur le voyage que devoit faire Pechot à Poitiers, & les 100, 000 écus qu'il devoit compter, a été soutenue pendant fort long-tems; que l'on voit que par des lettres, elle annonçoit l'arrivée de Pechot; qu'ensuite elle parloit d'embarras survenus, d'un voyage de Pechot en Béarn, &c. ensorte qu'elle a entretenu le Répondant long-tems dans l'espérance de cette arrivée de Pechot, & de la réalisation des 100, 000 écus, & que si à la suite de cela elle lui a déclaré que c'étoit autant de mensonges qu'elles lui avoit faits, *cette rétractation a dû l'affecter vivement, & ne point sortir de sa mémoire.*

A dit, qu'il se peut bien que la dame de Saint-Vincent lui ait montré des lettres de Pechot; mais comme il ne comptoit jamais que sur celles de M. le Maréchal, il ne faisoit attention à aucune autre; c'est pourquoi il n'a pas gravé ce fait dans sa mémoire, qui peut cependant exister; *ne se ressouvient point au surplus si elle s'est rétractée.*

32. Si la dame de Saint-Vincent ne lui a pas fait part, & même fait lire des lettres de M. de Richelieu, qui annonçoient l'arrivée de Pechot & des 100, 000 écus ?

Et lui avons représenté la trente-neuvieme piece de la huitieme liasse des scellés apposés par le Commissaire Chenon sur les papiers de la femme Leroy; lui observons que nous pourrions lui

en

en montrer d'autres, mais que cela ne feroit qu'alonger, celle-ci étant décisive.

A dit, qu'il croit que lorsque Pechot, suivant les lettres en question, devoit arriver à Poitiers, lui Répondant étoit à Paris, & que ce n'est que par une lettre que la dame de Saint-Vincent, & une copie de lettre de M. le Maréchal qu'elle lui a envoyée, qu'il a eu connoissance de ce fait-là, & qu'il reconnoît ladite trente-neuvieme piece, pour être la copie de la lettre du Maréchal, incluse dans la lettre de la dame de Saint-Vincent.

33. Lui observons, qu'il est donc constant qu'il a existé des lettres de M. de Richelieu, qui annonçoient la Commission donnée à Pechot de compter 100,000 écus; constant d'un autre côté que la dame de Saint-Vincent a fait voir à lui Répondant des lettres de Pechot qui annonçoient son arrivée prochaine, avec les 100,000 écus: or il est de toute certitude, que jamais il n'y a eu des lettres de Pechot à la dame de Saint-Vincent, & de la dame de Saint-Vincent à Pechot, relatives à un voyage, ni à une somme de 100,000 écus, & que les prétendues lettres de Pechot ont été écrites par autres personnes que par ledit Pechot : voilà donc des lettres de Pechot falsifiées; *mais si les lettres de Pechot, relatives à son voyage, & à l'apport des 100,000 écus, ont été supposées & contrefaites, il s'ensuit que les lettres du Maréchal relatives à ce voyage de Pechot & à ces 100,000 écus, ont aussi été falsifiées :* car si la dame de Saint-Vincent eût réellement cru avoir des véritables lettres du Maréchal, concernant l'arrivée de Pechot & ces 100,000 écus, elle auroit réellement écrit à Pechot, plutôt que de contrefaire des lettres dudit Pechot; il est donc démontré que voilà, de la part de la dame de Saint-Vincent, une contrefaction de lettres de Pechot & de M. le Maréchal; & lui Répondant doit se justifier de la part qu'il a eue à cette contrefaction, s'il en a eu aucune, ou au moins alléguer des raisons probables de son *incroyable crédulité* pour la dame de Saint-Vincent qu'il avoit surprise en mensonge nombre de fois : & ces raisons qu'il pourroit alléguer, devroient consister à nous faire le récit naïf & sincere de tout ce qui a eu lieu entre la dame de Saint-Vincent & lui, depuis l'époque de leur connoissance, & singulierement nous déve-

A REMARQUER.

lopper le ſecret qu'il avoit du Maréchal, ou qu'au moins la dame de Saint-Vincent lui a fait accroire qu'il avoit.

A répondu, qu'il eſt clair qu'il ne peut pas avoir contribué à la contrefaction d'une lettre de M. le Maréchal, dont la dame de Saint-Vincent lui envoyoit une copie de Poitiers, lorſqu'il étoit à Paris. Ne ſeroit-il pas poſſible que M. le Maréchal n'écrivît réellement ces lettres à la dame de Saint-Vincent, que pour l'amuſer, & lui faire attendre les promeſſes qu'il lui avoit déja faites ſouvent, ſans les effectuer, & que Madame de Saint-Vincent qui devoit de l'argent au Répondant, & qui lui manquoit de parole, auſſi ſouvent que M. le Maréchal lui en manquoit à elle-même, eût ſuppoſé au Répondant des lettres de Pechot ſans contrefaction d'écriture, pour par ce moyen lui faire attendre plus patiemment, ce qu'elle lui devoit; *le Répondant ſe reſſouvient en ce moment que la dame de Saint-Vincent lui a montré une lettre qu'elle lui diſoit lui venir de Pechot; mais que cette lettre n'avoit ni ſignature, ni adreſſe*, à laquelle le Répondant n'a ajouté aucune foi; perſiſte à ne vouloir point s'expliquer ſur le ſecret en queſtion, & que c'eſt à M. le Maréchal ſeul à le dire.

34. Si lui Répondant, a jamais été témoin auriculaire des promeſſes d'argent prétendues faites par M. le Maréchal à la dame de Saint-Vincent, ou de quelqu'autre ſecret, pour raiſon duquel il fût en tiers, entre le Maréchal & elle?

A répondu qu'il n'a entendu qu'une ſeule fois M. le Maréchal parler à la dame de Saint-Vincent; le Répondant étoit dans le ſallon à manger de la dame de Saint-Vincent à Paris avec le ſieur Abbé de Tranſe, & M. de Caſtelno; ils diſtinguoient parfaitement la voix de M. le Maréchal qui étoit dans une piece voiſine avec la dame de Saint-Vincent; ladite piece ſéparée ſeulement par une cloiſon de celle où étoit le Répondant & les ſuſnommés; le Répondant ne pouvoit pas ſuivre la converſation, & n'entendit bien diſtinctement que des paroles obſcenes de la part de M. le Maréchal; perſiſte au ſurplus à déclarer que pour ce qui eſt ſecret, il ne le dira point.

35. Comment n'a-t-il pas profité de cette occaſion toute naturelle pour ſe préſenter à M. de Richelieu, & ſe faire préſenter par Madame de Saint-Vincent, plutôt que de ſe retirer dans une

chambre voiſine, & d'écouter ce qui ſe diſoit; & lui obſervons que cette entrevue entre la dame de Saint-Vincent & M. de Richelieu a eu lieu à Paris, dans un tems par conſéquent, où d'après les lettres trouvées ſous les ſcellés, il avoit rendu des ſervices eſſentiels à M. de Richelieu dans des affaires ſecrettes, où M. de Richelieu étoit en quelque ſorte à ſa diſcrétion; s'il eût été perſuadé de la réalité de ces ſervices, & qu'il avoit mérité la confiance de M. de Richelieu; il n'eût point manqué l'occaſion de ſe préſenter à lui?

A dit, qu'à l'arrivée de M. le Maréchal, la dame de Saint-Vincent pria le Répondant & les deux Meſſieurs qui étoient avec lui, de paſſer dans ledit ſallon à manger, parce qu'elle vouloit être libre avec ſon couſin M. le Maréchal; ils crurent ne devoir pas avoir l'indiſcrétion de lui refuſer; & ſi le Répondant n'a pas profité de ce moment pour ſe faire préſenter à M. le Maréchal, c'eſt pour ne pas donner de la jalouſie à M. l'Abbé de Tranſe, parent de la dame de Saint-Vincent, qui la preſſoit pour lui procurer la protection de M. de Richelieu.

136. S'il n'a pas montré les deux premiers mandats de 100,000 écus ſur Pechot, prétendus ſignés de M. de Richelieu, à différentes perſonnes?

A dit, qu'il ne s'en reſſouvient pas, & ne le croit pas.

137. Si ces deux mandats, ou au moins l'un des deux, n'ont point été acceptés par Pechot?

A dit, qu'il n'a jamais connu d'acceptation de Pechot ſur aucun de ces mandats, ſe rappelle actuellement que lorſqu'on conſulta Me Latour, on montra à cet Avocat un des deux mandats ſur Pechot.

138. A lui remontré, qu'il eſt démontré au procès que ces deux mandats de 100,000 écus, ou au moins l'un des deux, a été accepté par Pechot, c'eſt-à-dire, qu'il y avoit ces deux mots: *accepté Pechot;* que cette acceptation a été vue par pluſieurs perſonnes; que la dame de Saint-Vincent a, d'après cette acceptation, fait préſenter le mandat en queſtion, pour qu'on lui donnât 24000, liv. à compte; enſorte que ce mandat ainſi accepté a paſſé par pluſieurs mains, & a été vu par différentes perſonnes qui en rendent aujourd'hui compte; que même on a reconnu dans ladite négociation la fauſſeté de ladite ſignature Pechot, fauſſeté

prouvée au procès, & convenue par la dame de Saint-Vincent; *qu'il n'est pas vraisemblable d'imaginer que le Répondant qui étoit perpétuellement avec la dame de Saint-Vincent, & sans lequel elle ne faisoit rien, ait ignoré ce fait* : sommé de s'expliquer?

A dit, qu'il n'a jamais vu d'acceptation *Pechot* sur aucun des mandats de M. le Maréchal, & ignore parfaitement la négociation en question.

Avons, attendu qu'il est une heure & demie, remis la vacation à cejourd'hui de relevée.

Lecture, a persisté & signé, & le Répondant n'a point paraphé les pieces représentées dans le cours de la vacation, ayant refusé de le faire; *signé* de Vedel-Montel, & Bachois.

Du 3 Octobre 1774, de relevée.

Par devant M. le Lieutenant-Criminel.

39. Avons mandé & fait venir de sa prison ledit sieur Vedel, lequel après serment, a dit se nommer, &c.

Sommé de nous déclarer le nom du Procureur de Poitiers qui avoit un dépôt de 45, 000 livres, & lui observons que dans nombre de lettres, la dame de Saint-Vincent lui parle de ce dépôt & de ce Procureur. « Si Pechot ne vient point », lui dit-elle, dans une lettre cotée 44e, 3e liasse des scellés du Commissaire de Graville. « nous ferons donner nos 45, 000 livres, » repose là-dessus ». Elle savoit donc où les prendre, & il est vraisemblable que puisqu'elle le savoit, lui Répondant ne l'ignoroit pas?

* A dit, qu'il ne sait pas le nom de ce Procureur: & comment pourroit-il le savoir, puisque celui qui a dit avoir déposé de l'argent, ne le sait pas lui-même?

* *Nota*. Si le sieur Vedel eût réellement reçu de M. le Maréchal la prétendue lettre, par laquelle il le chargeoit de retirer ce dépôt, il seroit en état de justifier des recherches & des démarches qu'il a faites pour cela à Poitiers. Il n'en peut indiquer aucunes.

Lui avons représenté la sixieme piece de la 2e liasse du paquet cacheté, trouvé sous les scellés du Commissaire de Graville, chez la veuve Leroi; c'est une copie écrite par lui d'une lettre prétendue du Maréchal à la dame de Saint-Vincent; on y lit: « je crains que Pechot ne voulût pas se résoudre à avancer » 100,000 écus, sans une grace de cette valeur que je lui avois » promise; je l'ai enfin obtenue, & je la lui fais passer par ce » courier ».

Sommé de nous dire quelle étoit cette grace obtenue par M.

de Richelieu pour Pechot? 2° Pourquoi il a transcrit cette prétendue lettre du Maréchal de Richelieu? 3°. Ce qu'est devenu l'original de cette lettre qu'on ne produit point aujourd'hui? 4°. Pourquoi il avoit remis toutes lesdites lettres à la veuve Leroi, & singulierement celle contenue dans le paquet cacheté, intitulé *brouillons*, & lui observons qu'on tire les plus fortes inductions de ce paquet cacheté, appellé *brouillons*; & qu'il est fort intéressant pour lui de s'expliquer.

A dit qu'il reconnoît la copie de lettre dont est question, ainsi que l'enveloppe, intitulé *brouillons*, pour être de son écriture, & a refusé de les parapher, quoique de ce interpellé.

Et répondant aux questions, a dit: 1°. Qu'il ignore quelle est la grace accordée à Pechot par M. le Maréchal. 2°. Qu'il a transcrit cette lettre; l'écriture de M. le Maréchal étant fort mauvaise, & lui Répondant ne la sachant pas bien lire, que la dame de Saint-Vincent la lisoit, en la lui dictant, pendant qu'il la copioit, afin de pouvoir ensuite s'assurer par lui-même si effectivement M. le Maréchal disoit ce qu'on lui dictoit, ayant plus de facilité à lire l'écriture de l'original d'après la copie qu'il venoit de faire. 3°. Qu'il ne sait ce qu'est devenu l'original de ladite lettre. 4°. Qu'il a remis ledit paquet à la veuve Leroi, parce que devant partir pour son Régiment à la fin d'Avril dernier, & ne voulant pas le porter avec lui, il l'a laissé chez l'Hôtesse de ses neveux, pour qu'il fût en mains sûres, & le retirer lorsqu'il le jugeroit à propos.

41. Lui avons représenté une copie par lui écrite, cotée 12, de la troisieme liasse des scellés du Commissaire de Graville; sommé de nous dire si ce n'est pas lui qui a donné le modele de lettre, écrite, sur un ton fort indécent, à la dame de Saint-Vincent; pour qu'elle l'écrivît au Maréchal, & lui observons, soit qu'il l'ait donné ou non, que cette lettre prouve le peu d'intérêt que le Maréchal prenoit pour lui Répondant.

A dit qu'il reconnoît cette copie pour avoir été écrite de sa main, d'après l'original qu'il a copié chez la dame de Saint-Vincent; que cela prouve en effet le peu d'intérêt que le Maréchal prenoit à lui, quoiqu'il eût bien promis d'en prendre, & qu'il trompoit le Répondant, ainsi qu'il a peut-être fait à la dame de Saint-Vincent; qu'il est vrai cependant qu'il a parlé pour lui à M. le Duc de la Vauguyon, & M. Charlot, premier Commis du Bureau de la Guerre, ainſi qu'il l'annonçoit par ſes lettres, qu'aujourd'hui il argüe de faux. M. de la Vauguyon & M. Charlot ne déſavoueront certainement pas ces faits. D'ailleurs M. le Vicomte de Lectaud, Lieutenant-Colonel du Régiment Dauphin, & M. Durand, Major du Régiment de Piémont, témoigneront que M. Charlot leur a dit que M. le Maréchal lui avoit parlé en faveur de lui Répondant, croit que M. le Maréchal a auſſi parlé de lui à M. d'Aiguillon.

42. Lui avons remontré qu'il eſt poſſible que M. le Maréchal ait, d'après les recommandations de Madame de Saint-Vincent, parlé en faveur de lui Répondant à pluſieurs perſonnes; mais que ces ſollicitations n'ont pas été vives & perſévérantes, puiſqu'on lui faiſoit des reproches; ſommé au ſurplus de nous dire quel motif puiſſant pouvoit exciter les ſollicitations de M. le Maréchal, & quel autre motif encore plus puiſſant pourroit aujourd'hui les lui faire nier; & lui obſervons ainſi que nous avons déjà fait, *que dans la ſituation dans laquelle il ſe trouve aujourd'hui vis-à-vis de M. de Richelieu, on n'imputera certainement point ſon ſilence à diſcrétion & complaiſance de ſa part pour M. de Richelieu, qui d'ailleurs l'en diſpenſe, & que par conſéquent ce ſilence tournera toujours contre lui Répondant.*

A dit que les ſervices qu'il rendoit à la dame de Saint-Vincent, couſine de M. le Maréchal, à ſa recommandation, comme on peut le voir dans la premiere lettre qu'il lui a fait l'honneur de lui écrire, où il diſoit à lui Répondant qu'il lui donneroit des marques de ſa reconnoiſſance, devoit engager M. le Maréchal à protéger lui Répondant; d'ailleurs M. le Maréchal avoit l'air d'aimer beaucoup ſa couſine, à moins qu'il ne ſe moquât d'elle, comme il y a apparence: mais s'il l'eût véritablement aimée, il eſt tout ſimple qu'il eût rendu ſervice à celui à qui il l'avoit recommandée.

43. A lui remontré que les lettres dont il argumente ſont argüées de faux, que juſqu'à ce qu'elles ſoient vérifiées, *c'eſt de ſa part décider la queſtion par la queſtion même*, qu'il devroit pour ſa juſtification nous rendre compte des motifs & des ſuites de cette prétendue confiance du Maréchal en lui, & qu'il faut néceſ-

ſairement de trois choſes l'une : ou que le Maréchal ait eu des raiſons déterminantes pour en agir envers la dame de Saint-Vincent & lui Répondant, avec la générosité dont il a agi, & que ces raiſons, il n'a pas été poſſible, quelque choſe que l'on ait fait, de les lui arracher; *ou M. le Maréchal a uſé depuis 1771, de toutes ſortes de fineſſes pour ſe procurer le procès qu'il a aujourd'hui, qui compromet ſon honneur à la face de l'Europe, ce qu'il eſt abſurde de penſer ;* ou enfin M. le Maréchal a été indignement joué & traité, & on ne peut que s'attacher à cette derniere idée, tant que ceux qu'il attaque ſe renfermeront dans des réticences; ſommé encore une fois de s'expliquer?

A dit qu'il a rendu compte des motifs de cette confiance par ſa réponſe ci-deſſus; croit que c'eſt Madame de Saint-Vincent qui a ſuggéré à M. le Maréchal l'idée de s'adreſſer à lui Répondant, pour la lui recommander & l'aider dans ſes beſoins, ce qu'il a fait; qu'il ne doute pas que M. le Maréchal ne ſe ſoit moqué de ſa couſine par des ruſes : il ne croyoit pas que ſa couſine lui fît jamais un procès, & le mît jamais à même d'en avoir un, parce qu'il la connoiſſoit d'un caractere d'enfant, foible, léger, & inconſéquent, & lui-même lui a ſouvent dit qu'elle étoit folle; d'après cela il ne croyoit pas qu'elle fît jamais uſage de ſes billets, comme il l'avoit éprouvé par les deux premiers de 100 mille écus, dont elle n'avoit oſé faire aucun uſage, par déférence pour lui. De tout cela l'on peut juger qu'il ſe mocquoit réellement d'elle, & toute la France ſait bien qu'elle ne ſeroit point la premiere femme dont il ſe feroit mocqué, relativement à des galanteries : & qu'il eſt perſuadé que lorſque M. le Maréchal a entamé ce procès, il a cru faire peur à ſa couſine, qu'elle lui rendroit tous ſes billets; mais il s'eſt trompé, parce qu'on ne le lui a pas conſeillé.

44. A lui remontré que tout ce raiſonnement répond d'autant moins au nôtre, qu'il eſt évident que le procès actuel ne roule point ſur l'intérêt (car Madame de Saint-Vincent, dès le premier interrogatoire, a proteſté qu'elle ne vouloit rien des billets; *mais que ce qui anime aujourd'hui M. de Richelieu, eſt le point d'honneur.* Il a nié lui avoir fait des billets : il ne lui ſuffit pas de ne pas les payer, il faut qu'il prouve ſon aſſertion; lui obſervons au ſurplus que nous croyons avoir aſſez rai-

ſonné avec lui pour chercher la vérité, que nous l'avons bien mis à même de ſentir la portée de cette affaire, & d'expoſer ſa défenſe dans le plus grand jour, & que nous ne ferons plus déſormais que l'interroger ſur les faits du procès; ſommé en conſéquence de nous dire ſi la dame de Saint-Vincent ne pourvoyoit pas à tous ſes beſoins, n'a pas pluſieurs fois payé ſes dettes, ne pouſſoit pas l'attention *juſqu'à lui envoyer à ſouper, des bougies, du bois pour ſe chauffer;* lui obſervons que cela réſulte de nombre de lettres, & notamment des huit pieces de la troiſieme liaſſe, ſixieme & neuvieme de la quatrieme liaſſe des ſcellés du Commiſſaire Chenon, chez la veuve Leroi, quarante-cinquieme de la troiſieme liaſſe, vingt-cinquieme & trente-cinquieme de la même liaſſe des ſcellés du Commiſſaire de Graville.

A dit que la dame de Saint-Vincent n'a jamais payé aucune dette de lui Répondant, & n'a pourvu à aucun de ſes beſoins, c'eſt au contraire lui Répondant qui, preſque toujours, a pourvu à ceux de ladite Dame; qu'il a été à Poitiers *incognito*, où M. le Maréchal diſoit qu'il ne falloit pas qu'il ſe montrât, juſqu'à ce qu'elle partît pour Paris; pendant cet incognito, elle a effectivement envoyé au Répondant du bois, de la bougie, & quelques proviſions pour ſes repas, parce qu'étant caché il ne pouvoit aller manger à l'auberge.

45. « J'ai penſé mourir de frayeur en ne trouvant plus ce papier déchiqueté (lettre de la dame de Saint-Vincent à lui Répondant) ſixieme de la quatrieme liaſſe des ſcellés du Commiſſaire Chenon chez la veuve Leroy) « Je diſois, ah! vrai Dieu, le Major va dire » que j'ai menti; *je ne me ſouvenois plus que je l'avois découpé » pour donner le nom au pere;* ſommé d'expliquer cette lettre, de laquelle on induit, non ſans quelque vraiſemblance, qu'il s'agiſſoit du nom de l'enfant à envoyer au pere?

A dit qu'il ne ſe reſſouvient pas de ce que cela veut dire.

46. « Je ne ſçais pourquoi (lettre de la dame de Saint-Vincent à lui Répondant, ſeconde piece de la quatrieme liaſſe des ſcellés du Commiſſaire Chenon) « vous me demandez ma confiance: » vous l'avez, mon Major, je ne vous ai laiſſé ignorer que les » fineſſes que mon amour m'a inſpiré pour vous ſervir ». Quelles étoient

étoient ces finesses qu'on lui avoit laissé ignorer, mais que sans doute on lui a découvertes après?

A dit, qu'il ne sait ce que c'est que ces finesses qu'on lui a toujours laissé ignorer.

47. Lui avons représenté la premiere piece de la cinquieme liasse, ensemble la seconde de la sixieme liasse des scellés du Commissaire de Graville chez la veuve Leroy; la premiere, est une lettre de la dame de Saint-Vincent à lui Répondant: on y lit ces mots: « Je vous envoye un petit morceau d'une lettre du » Maréchal; si vous pouvez lire deux lignes que j'avois effa- » cées, elles vous amuseront.... J'avois coupé ce morceau » de lettre un jour que je voulois vous la montrer; avec de la » mie de pain j'ai ôté l'effaçure ».

La seconde, est un fragment de lettre du Maréchal, c'est le bas d'une page; on y voit deux lignes effacées, & c'est probablement le fragment envoyé ave la lettre ci-dessus; M. le Maréchal marque à la dame de Saint-Vincent de ne *s'embarrasser de rien*, & de dire seulement *amen* à tout ce qu'il lui propose; « *j'espere*, ajoute-t-il, *que vous ne vous en repentirez pas*, » *car j'ai*, » (à ces mots finissoit la page, ainsi que nous avons tout lieu de le présumer, parce que cette derniere ligne est égale à celle de l'autre côté du papier, & qu'il y a lieu de croire que le Maréchal n'a pas écrit plus bas sur le recto du papier que sur le verso); cependant après ces mots, *car j'ai*, on trouve deux lignes effacées, de maniere cependant à laisser lire la premiere ligne, qui contient « *fait partir 40,000 livres*, » *vous les recevrez*; » on ne peut plus lire la seconde ligne; d'après ce que dessus, nous avons tout lieu de croire que la dame de Saint-Vincent a ajouté ces deux lignes; & mécontente du peu de ressemblance de l'écriture, les a effacées ensuite, de maniere cependant à laisser lire à lui Répondant la promesse d'argent; & delà la conséquence qu'elle a falsifié, ou au moins surchargé cette lettre du Maréchal, & l'induction nécessaire, que puisqu'elle en a falsifié une, elle a pu en falsifier ou fait falsifier plusieurs. A REMARQUER.

A-t-il été participant de cette fraude? s'il ne l'a pas été, qu'il nous explique donc comment, après tant de mensonges de la dame de Saint-Vincent vis-à-vis de lui, & par lui avérés, il a pu en être la dupe ; pourquoi ces envois de fragmens de lettres concernant l'argent ?

A dit, qu'il n'a jamais été participant d'aucune fraude & en est incapable ; qu'il n'a jamais sçu lire ce que contenoient les deux lignes effacées, & que ce n'est qu'en ce moment qu'il en est instruit, & a pensé que Madame de Saint-Vincent lui envoyoit ces fragmens de lettres pour y confirmer sa liaison avec son Cousin M. le Maréchal, de la protection duquel elle flattoit toujours lui Répondant ; mais *malgré les mensonges qu'elle lui faisoit*, il n'a pas été sa dupe, d'après les précautions qu'il a prises pour ce qui concerne les billets qui sont aujourd'hui prétendus faux.

48. S'il a connu un sieur Canron ?

A dit, que dans les premiers tems de la dame de S. Vincent à Paris, il a vu le sieur Canron chez elle, elle l'a nourri pendant une quinzaine de jours, presque par charité, & parce qu'il lui faisoit des courses pour des commissions dans la Ville ; qu'il apprit que ce jeune homme se conduisoit mal, qu'on le disoit mauvais sujet : qu'il conseilla à la dame de Saint-Vincent de le chasser, elle finit par le faire.

49. Si avant l'arrivée de la dame de Saint-Vincent à Paris, elle ne l'avoit pas entretenu dans ses lettres de ce nommé Canron ?

A dit, qu'elle lui en avoit marqué quelque chose.

50. Si elle ne lui avoit pas fait entendre que ce Canron étoit son tenant chez Pechot : « il est mon tenant chez Pechot, » lui dit cette dame (premiere de la seconde liasse des scellés du Commissaire Chenon chez la veuve Leroy) « pour avoir les vingt » louis, continue-t-elle, il faut vendre ton cabriolet & ta taba» tiere ; le mois prochain nous ne serons plus à cette peine, » huit jours après mon arrivée tu auras de l'argent, j'aurai fait » le tour du monde pour l'attraper ; MILHAUT D'ABORD OU » J'AI PENSÉ L'AVOIR, TARBES, POITIERS, PARIS, *c'étoit-là » le terme de nos malheurs dans le secret de nos destinées ; il faut y » venir à ce point ; on tourne long-tems avant de le connoître* » ; sommé d'expliquer ces lettres.

A répondu, que c'étoit une espérance qu'elle lui donnoit de lui payer un à compte sur ce qu'elle lui devoit ; quant à Canron, il n'en sait que ce que la lettre en dit.

50 *bis*. A-t-il vu à la dame de Saint-Vincent les billets du Maréchal avant le premier mandat de 100 mille écus?

A dit, qu'il ne s'en rappelle pas.

51. A-t-il eu quelque relation avec Canron avant l'arrivée de la dame de Saint-Vincent à Paris?

A dit, qu'il n'a vu Canron que depuis l'arrivée de la dame de Saint-Vincent à Paris.

52. Lui avons représenté la seconde piece de la seconde liasse des papiers trouvés chez la veuve Leroy, c'est une lettre de la dame de Saint-Vincent à lui Répondant: « Puisque . . . . tu auras » besoin d'argent, il faut envoyer à l'hôtel du Bien-aimé, rue » Ticquetonne, demander M. Canron sans autre nom, & lui » présenter mes deux billets; je l'ai prévenu; & parce que le » Maréchal est à Versailles, je lui dis, que quand on lui aura » présenté le billet, il écrive tout de suite à l'homme d'affaires » du Maréchal . . . . Voilà ce que j'ai pu trouver pour payer ton » mois & ton voyage. » A REMARQUER.

52 *bis*. A-t-il, à cette époque, vu Canron; quel billet devoit-il lui présenter, & quel est l'homme d'affaires du Maréchal auquel Canron devoit s'adresser?

A dit, qu'il *ne croit pas* avoir écrit à Canron ni l'avoir vu, & que les billets dont nous lui parlons, étoient pour de l'argent que la dame de Saint-Vincent lui devoit; *qu'il n'a jamais connu l'homme d'affaires de M. le Maréchal dont est ici question*; quant à son mois, c'étoit un emprunt qu'il avoit fait pour obliger Madame de Saint-Vincent, lequel emprunt il devoit rembourser à tant par mois; & comme il étoit embarrassé pour payer ce mois-là, & que son embarras étoit pour elle, elle lui disoit qu'elle lui enverroit de quoi payer son mois; qu'il devoit l'aller chercher pour venir à Paris; comme elle sçavoit qu'il n'étoit pas en argent, elle lui disoit qu'elle lui en enverroit pour faire son voyage.

Quelle réponse à un Interrogat si précis & si démonstratif d'une manœuvre quelconque?

53. « J'attends une réponse lundi ou jeudi » (vingtieme piece de la troisieme liasse des scellés du Commissaire Chenon chez la veuve Leroy, lettre de la dame de Saint-Vincent à lui Répondant) « qui t'indiquera les mille écus que je te ferai toucher tout » de suite, quand même Pechot arriveroit alors; & si cette » réponse est comme je l'attends, le Maréchal même n'en

» ſaura rien, & cela ſeroit bon..... Je t'enverrai donc l'adreſſe » de Canron, & celle de celui que j'attends ».

53. A-t-il touché les mille écus en queſtion, & par qui? pourquoi avoit-il demandé l'adreſſe de Canron, & quelle étoit cette autre perſonne que la Dame de Saint-Vincent attendoit, & dont il avoit auſſi demandé l'adreſſe?

A dit qu'il n'a point touché les mille écus qui devoient être à compte ſur ce que la Dame de Saint-Vincent lui devoit; *ne ſe rappelle pas d'avoir vu Canron*; & eſt très-ſûr, autant qu'il peut le croire, de n'avoir pas connu l'autre perſonne dont eſt queſtion.

54. S'il n'a pas fait, ſoit ſeul, ſoit avec la Dame de Saint-Vincent, des modeles de lettres qu'elle, Dame de Saint-Vincent, devoit adreſſer au Maréchal? ſi de même elle ne ſe chargeoit pas auſſi de rédiger les lettres que lui Répondant vouloit écrire au Maréchal, ainſi que de les faire mettre à la poſte? lui obſervons que ces trois points réſultent de différentes lettres de la dame de Saint-Vincent à lui Répondant, que nous ne tranſcrivons pas pour éviter la prolixité, mais dont nous lui avons fait lecture, & notamment des trente-cinquieme de la troiſieme liaſſe des ſcellés du Commiſſaire de Graville, huitieme de la quatrieme liaſſe des mêmes ſcellés, & dix-neuvieme de la deuxieme liaſſe dudit ſcellé; ſommé de s'expliquer?

A dit qu'ils ſe ſont quelquefois *amuſés* à faire enſemble des lettres, ſoit pour elle, ſoit pour lui (même pour ce qui concernoit lui Répondant), à des perſonnes très-étrangeres à M. le Maréchal; comme ils faiſoient des lettres enſemble, il eſt poſſible qu'elle en ait rédigé pour lui Répondant; qu'elle les faiſoit mettre à la poſte; mais il lui eſt arrivé pluſieurs fois d'y en mettre auſſi lui-même.

55. S'il a vu cacheter des lettres par la dame de Saint-Vincent, & mettre les différentes enveloppes; & lui obſervons que nous avons la preuve que Madame de Saint-Vincent a mis à la poſte des lettres à l'adreſſe de M. le Maréchal qui ne lui ſont pas parvenues; l'une, à Monſeigneur le Maréchal; la ſeconde, à un homme employé dans les Bureaux du Maréchal; la troiſieme à Canron: M. le Maréchal ôtoit la premiere enveloppe; & voyant la ſeconde à l'adreſſe d'un de ſes Secrétaires, il lui

faisoit passer le paquet ; mais celui-ci ôtoit la seconde enveloppe, &, voyant l'adresse à Canron, remettoit le paquet à Canron ; & il est arrivé que Canron, après avoir ouvert son paquet, a remis au Secrétaire une lettre adressée à M. de Richelieu, qu'il trouvoit sans doute avec la sienne ; a-t-il eu connoissance de cette manœuvre ?

A REMARQUER.

A dit qu'il n'a eu aucune connoissance de la manœuvre concernant les lettres adressées à Canron, ce que Madame de Saint-Vincent faisoit peut-être pour éviter le port ; sait que la dame de Saint-Vincent mettoit quelquefois double enveloppe pour écrire à M. le Maréchal ; la premiere, à Monseigneur le Maréchal de Richelieu ; la seconde, pour vous seul, mon Cousin. Quant à celles qu'il s'est chargé de porter à la poste, il ne les a portées qu'après les avoir vues cacheter ou cachetées lui même ; elles n'avoient qu'une seule enveloppe, & quelquefois même, c'étoient des lettres simples sans enveloppes ; *celles dont il s'est chargé n'étoient précisément que celles qui parloient de lui Répondant, pour les graces qu'il demandoit, ou de l'argent* * *que Madame de Saint-Vincent attendoit* ; elles étoient à l'adresse de M. le Maréchal, & qu'il en a eu les réponses ; ce sont toutes ces raisons-là qui ont contribué à lui persuader la vérité des billets.

* *Le sieur Vedel se trouve toujours en société avec Madame de S. Vincent, quand il s'agit d'avoir de l'argent de M. le Maréchal.*

56. Lui avons représenté trois Pieces ; la premiere est la seizieme Piece de la troisieme liasse du paquet cacheté des scellés du Commissaire de Graville ; la seconde est la vingt-cinquieme des Pieces déposées par M^e. Lafite, qui est une lettre de M. de Richelieu à Madame de Saint-Vincent, contre laquelle il n'y a point d'inscription de faux, & que par cette raison nous avons lieu de croire vraie. La troisieme est la trentieme des Pieces déposées par M^e. Lafite, laquelle est argüée de faux ; les deux lettres formant les vingt-cinquieme & trentieme Pieces du dépôt de Me Lafite, sont de mot à autre calquées l'une sur l'autre, à cela près de deux autres mots changés dans la premiere ligne, jusqu'à ces mots : *que vous me* ; de plus, les cinq premieres lignes, à l'exception du changement énoncé dans la premiere, sont aussi exactement calquées ; en telle sorte que dans les deux lettres, c'est le *même mot qui commence & finit la ligne, & cela dans cinq lignes entieres.* La sixieme

ligne de la lettre cotée 25, non argüée de faux est ainsi conçue :

« Vous m'en diriez quelque chose, mais je n'en suis pas à » cela près avec vous ; & pourvu que vous soyez heureuse, » je serai content ».

Celle cotée 30, argüée de faux, finit ainsi :

« Vous me croyez ; j'enverrai votre mandat que je ne pas » à Paris, ces jours - ci ; & pourvu que vous soyez heu» reuse, je serai content ; mais vous prendrez le tiers pour » vous guider ».

(Autre remarque) La date que nous ne pouvons pas déchifrer, est visiblement la même ; quelle qu'elle soit, c'est le même format du papier ; *les premieres lignes des deux lettres commencent au même endroit du papier, mesuré comme avec un compas ;* on remarque dans les deux lettres *les mêmes fautes d'orthographe aux mêmes mots ;* il est impossible de croire que le même homme ait écrit deux lettres aussi ressemblantes ; & dès-là, la preuve que l'une des deux est fausse.

Quant à la seizieme Piece de la troisieme liasse du paquet cacheté du Commissaire de Graville, le commencement de cette copie par lui transcrite, *contient à peu près les mêmes expressions que le commencement de la lettre cotée* 25, mais la suite en est fort différente ; on y parle que le Maréchal ira chez la dame de Saint-Vincent, non sans l'avertir, ainsi que le *tiers*, &c. ; on induit de cette copie qu'il est possible que ce soit un modele de lettre à contrefaire ; & il faut convenir que s'il ne donne la solution de cette difficulté, elle porte à plomb sur lui Répondant, d'autant plus que, dans la suite de la lettre, on parle beaucoup du *mandat* & du *tiers ;* il faudroit que pour se justifier il produisît l'original sur lequel il a tiré cette copie, & on l'a jusqu'ici inutilement demandé.

A dit, qu'il jure, avec la plus grande vérité, que la copie de la lettre par lui transcrite & dont nous lui parlons, lui a été dictée par Madame de Saint-Vincent sur une lettre qu'elle tenoit en main & qu'elle disoit être de M. le Maréchal ; que si le Répondant avoit dû en garder l'original, il n'auroit eu que faire d'en faire une copie. L'original est resté entre les mains de Madame de Saint-Vincent. Le Répondant ignore ce qu'elle en a fait; que quant aux deux autres lettres, il obſerve qu'il eſt poſſible que dans une correſpondance de quinze ans il ſe trouve deux lettres en partie reſſemblantes, particuliérement pour la date, parce que M. le Maréchal écrivoit preſque toujours par les mêmes couriers à Madame de Sain-Vincent.

Se rappelle en ce moment, & croit devoir nous dire, que dans les lettres qu'il a écrites à M. le Maréchal, en réponſe à celles qui lui avoient été remiſes par Madame de Saint-Vincent, il en a cacheté lui-même en préſence de ladite dame de Saint-Vincent, & qu'il les a portées lui-même à la poſte.

Avons continué le préſent interrogatoire au premier jour, & leſdites pieces repréſentées dans la préſente n'ont point été paraphées de nous, l'ayant été ci-devant, & le Répondant a refuſé de les parapher, quoique de ce interpellé.

Lecture, a perſiſté & ſigné.

Du 4 Octobre 1774, de relevée.

Fait venir de ſa priſon ledit ſieur de Vedel-Montel, lequel après ſerment, a dit ſe nommer, &c.

57. Lui avons repréſenté la neuvieme piece de la deuxieme liaſſe du paquet cacheté, trouvée ſous les ſcellés du Commiſſaire de Graville chez la veuve Leroy, qui eſt une copie *tranſcrite par lui Répondant* d'une prétendue lettre écrite par M. le Maréchal à la dame de Saint-Vincent, & la ſeizieme piece du dépôt fait par Me Lafite, qui eſt une lettre de M. le Maréchal, écrite à la dame de Saint-Vincent; les *deux alinéas de cette copie* reſſemblent aux *deux premieres phraſes de la lettres du Maréchal*, d'où l'on induit que lui Répondant, & la dame de Saint-Vincent travailloient enſemble pour compoſer avec des phraſes tirées des véritables lettres du Maréchal, des lettres ſuppoſées dont on ſe propoſoit de faire contrefaire l'écriture; lui obſervons que l'on fait le même raiſonnement ſur d'autres pieces, dans le détail deſquelles nous nous diſpenſons d'entrer pour éviter les longueurs; ſommé de s'expliquer?

A dit qu'il reconnoît leſdites deux copies pour les avoir écrites ſous la dictée de la dame de Saint-Vincent, qu'il n'en ſait pas davantage, & *n'y conçoit rien*, qu'il croyoit & croit toujours que lesdites lettres sont de M. le Maréchal, ainsi que les billets; que par méfiance pour Madame de Saint-Vincent, à la priere de ladite dame de Saint-Vincent, il a été chez le Notaire du Maréchal vérifier les signatures, & que tout autre y auroit été trompé aussi-bien que lui.

58. Lui avons représenté la quatrieme piece de la deuxieme liasse des papiers trouvés sous les scellés du Commissaire Chenon, chez la veuve Leroy: c'est une lettre de Madame de Saint-Vincent à lui Répondant: « Tenez je vous envoye du caractere » de cet homme, vous verrez qu'il parle de Maréchal, & que » je le charge de toutes mes affaires à Paris....... Confrontez » les caracteres, & voyez que cet homme est un homme à M. » le Maréchal, en qui j'ai la plus grande confiance, & qui a » soin de toutes mes affaires, & qui les fait toutes. *Je vous en » envoye assez pour confronter les caracteres ;* il est inutile, pour » ce que je veux prouver, que j'envoye la lettre entiere, *je » vous envoye deux lignes de la lettre du Maréchal de ce cou-» rier*, vous verrez les lettres dans le tems ».

Sommé d'expliquer cette lettre, d'indiquer l'homme dont on lui envoyoit des caracteres, & si cet homme n'étoit pas Canron?

A dit que voici l'histoire que Madame de Saint-Vincent lui a faite à ce sujet; * elle lui a dit qu'un homme de la maison de M. le Maréchal qui avoit toute sa confiance, vouloit bien à sa recommandation le servir, lorsqu'il auroit quelque grace à lui demander, mais qu'il ne vouloit pas être connu, & que s'il écrivoit, ce n'étoit que pour que Madame de Saint-Vincent que lui Répondant ne vouloit pas croire, pût lui faire voir la vérité. Cet homme qui ne vouloit point être connu, ne devoit pas signer ses lettres, lorsqu'il écriroit au Répondant; en conséquence la dame de Saint-Vincent lui envoya un morceau de lettre de cet homme, pour qu'il pût confronter les lettres qu'il devoit par la suite recevoir de ce particulier, & par-là en reconnoître les caracteres; au surplus lui Répondant n'a jamais reçu de lettres de cet homme, ni même entendu parler de lui, & que c'est pour lui un être imaginaire.

* *Cette réponse entortillée & inintelligible, ne résoudra jamais l'argument terrible qui, dans la demande, établit une contrefaction concertée.*

59. En combien de billets le Maréchal a-t-il converti le mandat de 100 mille écus? lui observons que nous avons lieu de croire que lui Répondant a montré six billets prétendus signés du Maréchal,

Maréchal, montant ensemble à la somme de 420,000 l. & que quelques jours après il a dit à la même personne que le Maréchal, à la sollicitation de la dame de Saint-Vincent, avoit divisé les billets montants à 420,000 livres en un plus grand nombre de billets, que lui Répondant a fait voir, & sur lesquels on a jetté un coup d'œil rapide ; & lui observons que cette histoire n'est point du tout concordante avec celle qu'on a faite jusqu'à présent sur l'origine desdits billets.

A dit que la personne en question ne peut être que le sieur Garrisson de la Tour, à qui il ne peut avoir montré que les billets qui sont au Greffe : il a sûrement oublié ce fait comme celui des corps des billets qu'il a écrits, où il croit avoir laissé la somme en blanc, quoiqu'elle soit certainement écrite de sa main; cette erreur ne peut être qu'un oubli de sa part, le connoissant pour un très-honnête homme.

60. Pourquoi ne devant y avoir que pour 420,000 livres de billets, suivant l'histoire faite jusqu'à présent, s'en trouve-t-il pour 425,000 livres?

A dit qu'il l'ignore, qu'il a fait la même réflexion, & qu'il l'a attribué à une erreur de calcul.

61. Lui observons que plusieurs raisons nous font douter de la vérité de la réception du mandat de 100,000 écus, & des deux billets de 60,000 livres, fixés jusqu'à présent au 13 Novembre 1773. 1°. A cette époque, M. de Richelieu étoit à Fontainebleau, fort occupé à la Cour pour les préparatifs du mariage de M. le Comte d'Artois, qui a été célébré le 16, & dont les cérémonies rouloient sur son compte. Il étoit même le 13 Novembre, jour indiqué, à Nemours, allé complimenter Madame la Comtesse d'Artois, de la part du Roi. Il est donc impossible qu'il ait reçu à Paris les billets à lui envoyés le 12, plus impossible encore qu'il les ait renvoyés le 13, puisqu'il n'étoit point à Paris.

A dit qu'il est sûr d'avoir porté le paquet contenant les billets, & de l'avoir remis au Suisse de M. le Maréchal, mais ne se ressouvient pas du tout du quantieme du mois ; croit que c'est du 11 au 13, ainsi qu'il l'a dit dans son premier interrogatoire.

62. A lui remontré, qu'en supposant que ce soit du 11 au 13, quoique l'époque ait été fixée au 13 par l'Abbé Froment & la

dame de Saint-Vincent, le raisonnement conserve sa force : une seconde raison, c'est qu'on a dit jusqu'à présent que c'étoit Saint-Jean, laquais du Maréchal, & qu'il étoit vêtu d'un habit rouge galonné d'argent. Or il est d'usage dans la maison de M. de Richelieu que les gens prennent la grande livrée dès la fin d'Octobre ; ainsi au mois de Novembre il ne devoit plus y

A REMARQUER. avoir d'habit galonné. Une troisieme raison, c'est qu'on remarque dans la conduite de la dame de Saint-Vincent, à la réception de ces billets, une affectation marquée : elle étoit dans la chambre de l'Abbé Froment, à l'entretenir de ces billets, lorsque le domestique est venu la demander : elle passe dans sa chambre pour y décacheter le paquet qu'on lui apporte, & revient aussi-tôt dans celle de l'Abbé Froment avec les billets en question. Pourquoi ne décachetoit-elle pas ce paquet chez l'Abbé Froment ; cela paroît apprêté au théâtre : d'ailleurs, on a cru voir dans le récit de la dame de Saint-Vincent, de l'Abbé Froment, & de lui Répondant, une conformité si exacte sur les moindres détails de leur récit, qu'on est tenté de croire que c'est un rôle étudié ; que toutes ces raisons rendent fort douteux l'apport du paquet contenant les six billets, ou du moins font présumer que *si quelqu'un habillé de rouge a apporté un paquet, c'est une manœuvre de la dame de Saint-Vincent :* sommé de répondre ?

A dit, que tout ce qu'il en sait, c'est que lui Répondant n'a pas moins porté le paquet à Paris, à l'Hôtel de Richelieu ; & que quand M. le Maréchal auroit été à Fontainebleau, le paquet avoit eu le tems de revenir, mais croit que M. le Maréchal étoit à Paris ; ne sait l'histoire du laquais que d'après le rapport que lui en a fait l'Abbé Froment. Il semble au Répondant que la conformité du récit de la dame de Saint-Vincent, de l'Abbé Froment & de lui Répondant, partant de la vérité, qui n'est qu'une, devroit plutôt prouver cette vérité, qu'un rôle étudié, qui est toujours plus difficile à conserver l'uniformité que la vérité même.

63. Lui avons représenté les quatorzieme, quinzieme pieces de la troisieme liasse des scellés du Commissaire de Graville, chez la veuve Leroy, qui sont deux lettres de la dame de Saint-Vincent à lui Répondant ; ensemble la sixieme piece de la seconde liasse

des scellés du Commissaire de Graville, qui est une copie de prétendue lettre de M. le Maréchal à la dame de Saint-Vincent, dans laquelle on dit que le Roi a demandé si la dame de Saint-Vincent étoit prête à partir; on a lieu de croire, d'après ces trois lettres, que la dame de Saint-Vincent faisoit accroire à lui Répondant, que le Maréchal lui avoit parlé de la faire approcher de la personne du Roi, & que revenue à elle-même de ce songe, elle en a rougi, & a reconnu que ces lettres étoient supposées; sommé de nous développer cette énigme?

A dit, que la dame de Saint-Vincent a voulu lui faire accroire que M. le Maréchal avoit parlé d'elle au Roi, & qu'il avoit cru que c'étoit M. le Maréchal qui se mocquoit d'elle, qu'il lui avoit répondu en conséquence, & que sa réponse l'avoit fort attrapée.

64. Si le sieur Aléon Desgouttes a vu, lorsqu'il a été consulté, le premier mandat de 100,000 écus; & si lors de la consultation, on lui a nommé les personnes?

A dit, qu'il a été consulté sous des noms interposés, & qu'il n'a point vu le mandat de cent mille écus.

65. Si la veuve Leroy n'a pas, à la réquisition de lui Répondant, essayé de négocier ce premier mandat de 100,000?

A dit que non.

66. Si lui Répondant n'a pas, lors de la négociation de quelques-uns des billets, déclaré que ces billets provenoient à Madame de Saint-Vincent d'un emprunt de 100,000 écus fait par M. le Maréchal de Richelieu sur le pere d'elle dame de Saint-Vincent, lors de son passage à Mahon; que lors de cet emprunt, le Maréchal avoit fait une obligation de cent mille écus, que depuis il avoit converti en plusieurs billets, pour avoir plus de facilité à payer?

A dit que non, * qu'il n'a jamais tenu ce propos.

* Voyez l'interrogatoire de Rubi, page 5, qui soutient le contraire.

67. S'il a connu ou vu le sieur Doumain, employé dans la Secrétairerie de M. le Maréchal?

A dit, qu'il en a entendu quelquefois parler par la dame de Saint-Vincent, mais ne l'a jamais vu, au moins il ne s'en souvient pas?

68. S'il a vu ou connu le sieur Subbe, employé dans la maison de M. le Maréchal?

A dit, qu'il en a aussi entendu parler, mais ne l'a jamais vu.

69. Lui avons repréſenté les pieces cotées 14, 15 & 20 de la derniere liaſſe des ſcellés du Commiſſaire de Graville, chez la veuve Leroy ; ce ſont lettres de la dame de S. Vincent à lui Répondant. « Je t'envoye, pour t'amuſer, la conſultation de Subbe, » pour le placement de mon argent ſur les Indes ou les Fermes..... » Tu liras auſſi cette conſulte que Subbe a fait faire ; j'attends les » jours qui doivent aſſurer mon bonheur & mon repos...... ; » ſi Subbe que je dois voir demain veut me faire prêter un car- » roſſe, nous irons à Verſailles........ J'attends Subbe à une » heure, je te manderai demain ce qu'il eſpere pour le jour de » l'arrivée..... Je fais venir Subbe pour écrire au Maréchal, » afin de rien faire de ma tête ».

D'après ces lettres, il n'eſt pas poſſible de douter que la dame de Saint-Vincent n'ait été en grande relation avec Subbe; que ce dernier ne ſoit au fait de toute l'intrigue, & que lui Répondant ne fût en tiers entre la dame de Saint-Vincent & Subbe.

A répondu qu'il n'a jamais vu Subbe ; qu'en effet la dame de Saint-Vincent lui a envoyé deux manieres de placer ſon argent, qu'elle diſoit tenir de ce même Subbe ; qu'il ne ſait rien de cela que par la lettre de Madame de Saint-Vincent : mais cette lettre prouve au moins que la dame de Saint-Vincent ne vouloit pas lui donner ſon argent, comme on l'a penſé dans le cours de ſon interrogatoire, puiſqu'il eſt viſible qu'elle vouloit le placer : le Répondant ne croit pas que Subbe ait jamais entendu parler de lui.

70. S'il n'a pas fait ou fait faire des ſollicitations afin qu'on tirât de deſſous les ſcellés de la veuve Leroy, les pieces qui y ont été trouvées, & s'il n'y a pas eu, de la part de ſes neveux, des propoſitions de faites à cet égard ?

A répondu qu'il n'y a jamais penſé, & qu'il ne croit pas que ſes neveux euſſent été capables de s'y expoſer.

71. S'il n'a plus rien à dire pour ſa juſtification, & lui obſervons que ſa juſtification ne paroîtra pas complette, tant qu'il refuſera de s'expliquer ſur pluſieurs queſtions qui lui ont été faites, & notamment ſur le ſecret ?

* Aveu de la fauſſeté du prétendu ſecret de M. le Maréchal, dont le

A dit * à l'égard du *ſecret*, *qu'il n'en a jamais eu verbalement, ni par écrit de la part de M. le Maréchal, & que ce ſont des folies de Madame de Saint-Vincent ;* obſerve au ſurplus que nous l'avons souvent sommé, dans le cours du présent interrogatoire, de dire les raisons qui ont pu le persuader de la réalité des billets, donnés par M. le Maréchal, d'après *tous les mensonges* que Madame de Saint-Vincent lui disoit.

Major a long-tems soutenu être dépositaire. Il renferme implicitement celui de la fausseté des lettres de M. le Maréchal, où il est question de ce prétendu secret.

En voici la récapitulation, avant que la dame de Saint-Vincent eût vu son cousin le Maréchal de Richelieu, pour la premiere fois elle montroit au Répondant des lettres de lui, qui lui venoient de tous les lieux où il étoit, lorsqu'il devoit passer à Poitiers, il lui mandoit, ma chere cousine, j'arriverai un tel jour : il y arrivoit; lorsqu'il y étoit arrivé, il lui mandoit, ma chere cousine, j'irai vous voir à une telle heure : il s'y rendoit, & le Répondant lui a vu *deux fois* tenir ces rendez-vous; dès ce moment il ne douta plus que ce ne fût lui qui lui écrivoit. Avec la même écriture il lui promettoit de l'argent, il a porté souvent des lettres de la dame de Saint-Vincent à la poste, adressées à M. le Maréchal de Richelieu, qu'il avoit vu cacheter, qui parloient argent; il en a vu toutes les réponses, lorsqu'il étoit avec elle quand on les lui remettoit, elle les décachetoit devant lui, & quelquefois il les décachetoit le premier, ce qui lui a confirmé la vérité des promesses de M. le Maréchal.

Madame de Saint-Vincent étant arrivée à Paris, il a encore porté plusieurs fois des lettres d'elle, à l'adresse de M. le Maréchal, à son Hôtel, qu'il a remis à son Suisse; elle les cachetoit toujours devant lui, sans double enveloppe, notamment le paquet où étoient insérés les cinq billets de 60,000 livres avec celui de 100 mille écus, & la lettre par laquelle elle lui laissoit le choix de signer celui de 300,000 livres, ou les cinq de 60,000 livres. Le *lendemain* l'aumônier du Couvent de la dame de Saint-Vincent lui dit avoir vu un laquais à la livrée de M. le Maréchal, lui remettre un paquet qu'elle décacheta tout de suite, & qu'elle lui montra trois billets signés, *le Maréchal de Richelieu*, l'un de 300,000 livres, & deux de 60,000 livres, avec une lettre d'accompagnement; le Répondant vit ces billets le même jour, & ils étoient les mêmes qu'il avoit portés la veille; pour être encore plus certain de la vérité de la signature des billets, il fut lui-même chez le Notaire de M. le Maréchal lui en faire reconnoître une; ce Notaire l'assura, après l'avoir confrontée sur nombre de ses minutes, qu'elle étoit véritable, &

qu'il lui en répondoit comme il pourroit lui répondre de la sienne propre. D'après toutes ces précautions & toutes ces preuves, pouvoit-il lui rester des doutes ?

Lorsque le sieur Rubi voulut acheter le billet de 25,000 liv. qu'il a, & que la dame de Saint-Vincent le prioit de suivre l'Agent qui faisoit faire cette négociation, ils furent tous les trois ensemble à la porte du même Notaire de M. le Maréchal; l'Agent & Rubi furent faire vérifier la signature de ce billet, que le Notaire reconnut encore pour être celle de M. le Maréchal; lorsque la négociation fut consommée, il ne fit point de difficulté de certifier au sieur Rubi que la signature de ce billet étoit celle de M. le Maréchal; ce qu'il n'auroit certainement pas fait, s'il n'eût cru devoir en être sûr.

M. le Maréchal a écrit des lettres à Madame de Saint-Vincent & une à lui Répondant, par lesquelles il promettoit de parler à M. le Duc d'Aiguillon, à M. le Duc de la Vauguyon, & au sieur Charlot pour lui faire obtenir une grace qu'il desiroit. Il a exécuté ce qu'il promettoit par ses lettres, & cependant ces mêmes lettres sont aujourd'hui argüées de faux.

Madame de Saint-Vincent a donné des reconnoissances aux personnes qui ont acheté ces billets; & depuis qu'elle les a vendus, elle ne s'occupoit qu'à se faire un appartement agréable, pour se former un établissement fixe à Paris : une faussaire peut-elle oser mettre son nom à la suite de sa fausseté, & reste-t-elle tranquille dans une Ville où est un homme puissant de qui elle a contrefait la signature ? c'est ce qu'il ne pourra jamais se persuader.

Le sieur Rubi lui a dit qu'après qu'il eut acheté ces billets, il en avoit fait vérifier les signatures à l'Avocat au Conseil, à un Procureur au Parlement *, & à l'Intendant même de M. le Maréchal, qui, tous les trois, les ont reconnues véritables.

Il sait de plus que le sieur Subbe, Contrôleur de la maison de M. le Maréchal, sous le nom de Morel, a fait semblant de vouloir acheter de ces billets; & qu'il est convenu, après les avoir vus & confrontés avec des Pieces de comparaison, que c'étoit bien véritablement la signature de M. le Maréchal.

D'après toutes ces précautions du Répondant, toutes ces circonstances & toutes les preuves qu'il vient de dire, quand

* Le détail de la conduite de l'Intendant de M. le Maréchal, contenu dans l'Interrogatoire de Rubi, suffit pour démontrer la fausseté de cette allégation à son égard.

il y auroit cinq cens Experts qui décideroient les billets faux, il croiroit toujours, comme il l'a cru, qu'ils ſont très-vrais, avec d'autant plus de probabilité, qu'il voit que M. le Maréchal s'eſt véritablement intéreſſé depuis nombre d'années à la dame de Saint-Vincent, lui ayant fait compter une fois mille écus; lui a fait révoquer ſa lettre de cachet contre le gré de ſa famille; a prié un nommé M. Deſangles à Milhaut, de lui payer ſes dettes, ce qui a été exécuté; a chargé le ſieur Auvray, Secrétaire de l'Intendant à Poitiers, de lui faire conſtruire un appartement dans un Couvent, ce qui a encore été exécuté; & qu'il a encore ſollicité & obtenu la liberté de ſon mari, qui fut exilé étant Préſident à Mortier de l'ancien Parlement d'Aix.

Toutes ces raiſons raſſemblées, circonſtances & preuves ne lui ont laiſſé aucun doute du bien que M. le Maréchal vouloit à ſa couſine, & lui ont donné une conviction entiere que les billets qu'elle avoit venoient véritablement de lui.

Déclare au ſurplus qu'il proteſte de nullité de toute la procédure, même des manœuvres qui peuvent avoir été pratiquées par gens mal intentionnés pour l'inculper dans une pareille affaire, n'étant coupable d'aucun délit quelconque, & ayant eu la double douleur de voir que l'on a pénétré dans ſes affaires les plus ſecretes, pour en tirer des inductions captieuſes qui n'ont aucun trait aux objets qui ont donné lieu à la procédure extraordinaire, auſſi irréguliere qu'injuſte, intentée contre lui, pour raiſon deſquelles, circonſtances & dépendances il ſe réſerve de ſe pourvoir par les voies, ainſi que de droit, pour ſa décharge d'accuſation, & de répéter, contre qui il appartiendra, toutes pertes, dépens, dommages & intérêts; le décret ayant d'ailleurs été délivré aux riſques, périls & fortunes de M. le Maréchal de Richelieu, doit faire connoître à ſes Juges qu'il n'exiſtoit aucunes charges ſuffiſantes pour que ledit décret eût lieu, ce qui prouve qu M. le Maréchal a abuſé de ſon crédit pour ſurprendre la religion des Juges qui ont lancé ledit décret.

Lecture, a perſiſté & ſigné.

Et les Pieces repréſentées dans la préſente vacation n'ont

point été paraphées de Nous, l'ayant été ci-devant, & le Répondant a refusé de les parapher, quoique de ce interpellé. *Signé*, DE VEDEL-MONTEL & BACHOIS.

Signé, COCHIN.

Me TRONCHET, Avocat.

De l'Imprimerie de STOUPE, rue de la Harpe. 1775.

www.ingramcontent.com/pod-product-compliance
Lightning Source LLC
LaVergne TN
LVHW011959160826
845678LV00002B/624

* 9 7 8 2 3 2 9 6 6 8 6 3 5 *